家人的第二張臉孔

擺脫「相愛又互相傷害」的 7 種心理練習

催光鉉——著　簡郁璇——譯

—作者序—

家庭的問題是1＋1

家就如同母親的懷抱，是隨時都能回去的溫暖巢穴，是無條件給予愛的地方，但是如今這樣的家究竟有多少呢？比起舒適自在，有越來越多的人認為家是一種枷鎖。家既是力量，也是包袱。親密的關係背後藏著微妙的衝突，而無限的愛也帶來了無限的恨。家就像這樣，擁有兩張臉孔。

在長期負責家庭諮商的過程中，我遇見了眾多身上帶著源自家人的傷痛、被害意識與創傷的個案。過去，我在德國攻讀家庭諮商，後來擔任家庭治療師。2002年夏天回韓國後，我在大學教授家庭心理學，也負責家庭諮商。藉由這樣的經驗，我接觸到韓國與歐洲各國的無數家庭所經歷的創傷，同時明白了原本應當彼此珍惜、擁抱、相愛的家庭，倘若稍不留意，就可能成為萌芽不幸的溫床。

建立健康幸福的家，不是單靠意志就能成功。若單憑意志，反倒可能使家庭成員更有負擔、更痛苦。佛洛姆（Erich Fromm）曾說過，愛情是一門藝術，建立健康幸福的家庭，也同樣需要學習。

婚姻生活不美滿的人都有相同的特徵。我們到大型超市時，會發現有許多買一送一的活動，這是一種1＋1的行銷策略，而對於置身痛苦之中的夫婦與家庭而言，1＋1也同樣適用。夫妻關係越不良，就越容易互相推卸責任，像是彼此性格相差太多、遇人不淑、太過自私、太過貪心等，彼此不停將箭靶射向對方。婚姻之所以不幸，其中一項便是造成對方失望與傷害的行為，不過我們無法單憑此完整說明不美滿的夫妻關係和家庭關係的原因。我再補充一點，那是因為夫妻倆曾各自在童年時期經歷父母不幸的婚姻生活以及傷痛，兩者合起來變成1＋1，如今才會形成這個充斥不滿、煩躁、憤怒的扭曲家庭。

如果只顧著從對方身上尋找問題，那麼將與心中的幸福家庭漸行漸遠。有必要檢視自己過去所經歷的傷痛。人是不可能輕易改變的，若是為了改變對方而耗費所有精力，就如同將水倒入破洞的缸子裡。有時，檢視自己所擁有的「1」並試著做出改變，反倒來得更有效。

我在替夫妻或家庭治療之前會有個前提，就是讓所有人明白「家庭的問題是1+1」。先讓夫妻倆發自內心去認同、尊重彼此童年時期的傷口及其帶來的影響，此時真正的變化才會到來。

諮商時每每感受到的沉痛心情，逐漸轉變成「想撰寫一本家庭心理指南書，讓從未學過心理學的一般人理解」的想法。儘管家庭心理學與家庭諮商理論的相關著作不在少數，但多半是寫給相關研究者或專家看的。我認為需要以一般人能夠理解的水準、更大眾化的方式來說明家庭心理學。再來，雖然目前夫妻或家庭問題逐漸增加，但有時因環境使然，使得人們無法自在地接受家庭諮商。顧及這一點，我想大眾需要一本能代替諮商的家庭心理學書籍。

我想向此書付梓前，在我身旁仔細閱讀、修正原稿的太太表達感謝。撰寫原稿時，我和太太討論、對話了無數次，如今回首，那些成了我們夫妻倆無比珍貴的時光。我也想對兒子說聲謝謝。希望未來兒子在閱讀此書時，能明白「對爸爸而言，沒有比我更能帶來力量的人」。

兒子，謝謝你出生在世上。你讓我成為父親，也令我明白，什麼是完整的家。

目次

Part1 回顧小時候的我

Part2

選擇配偶的心理

Part3

互相傷害的家人

Part4
創造幸福家庭的7種練習

Part 1

回顧小時候的我

我相信，過去受到冷落與傷害的內在小孩，
正是造成人們所有不幸的最大原因。
因此，為自己哀悼童年時無法滿足的欲求，
即是傷口癒合的開始。

——約翰·布雷蕭（John Bradshaw）

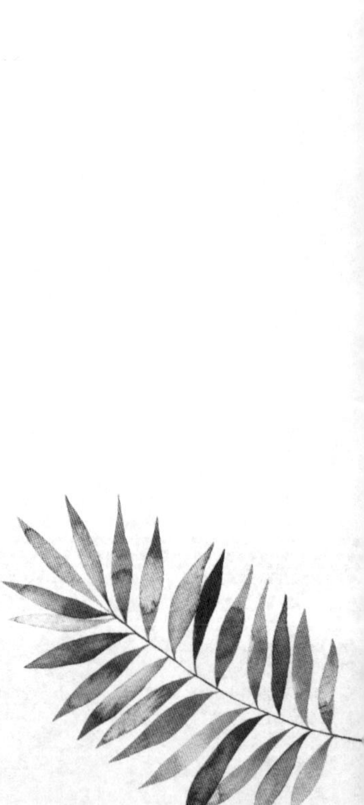

影響現在人生的內在小孩

取得博士學位，回到韓國後不久，我很幸運地在一所大學展開擔任教授的生活。而成為我撐過留學艱辛時期的最大原動力，就是有朝一日能當一名體面的大學教授。如今，我步入了那夢想的大門，心中自然激動不已。過去的苦日子有如走馬燈一閃而逝。然而不知為什麼，打從第一天起，一切就變調了。

我的第一堂課是在研究所開課。前往教室的途中，有一名學生認出我是新來的教授，從販賣機買了一杯咖啡遞給我。因為上課時間已到，我婉謝了他的好意並走進教室。不久後，我正打算開始上課時，有名學生走進來，正是稍早遞咖啡給我的那位學生。但是，他的表情很不尋常，並向我投以凶狠的目光。

不出我所料。上課時，他提出一連串的問題。不管是過去或現在，學生提問的類型大致可分成兩種：

一種是因為真的很好奇才發問，另一種則是想試探教授有多少墨水。這名學生則是不停地丟出第二種問題，只要一回答完，就隨即提出另一道問題，企圖讓教授感到緊張。沒想到下一堂課時，也持續同樣的提問。起初暈頭轉向，但掌握學生的意圖之後，我感到相當不快，怒氣也跟著上來。察覺到那名學生與我之間瀰漫微妙的緊張感，其他聽課的同學變得很不安，想必是對優柔寡斷的教授無法管制胡鬧的學生感到不耐煩吧。換作是現在，我一定能游刃有餘地解決那些提問，針對學生的意圖稍微挖苦、批判對方，但當時學生緊咬不放的態度令我感到畏懼。甚至那位學生也隱約地威脅，要在學校網站上宣洩對此堂課的不滿。夢想中的教授生活，在不久後轉變成惡夢。每次上課時，我都會因那位學生感到緊張，當我下課走出教室，深深的疲勞感就會朝我襲來。我不禁回想起過去夢想成為教授的日子，對教授生活產生了懷疑。

學期快結束時，我帶著百感交集的心情，想讓最後一堂課有個別具意義的結束，於是讓學生們買來一些飲料和餅乾，安排了和學生交流的時間。教室的桌子排成圓形，我坐在其中一個位子上，偏偏那位學生卻朝著我身旁的位子走來。我無法不感到緊張，心想著：「這傢伙，直到最後一刻還想折磨我嗎？」

坐在旁邊的他，將自己喝了一半左右的果汁遞給我。我的腦袋糾結成一團。「不管教授再怎麼年輕，禮貌上也該拿新的果汁給我吧？這也是故意瞧不起我嗎？」儘管腦袋裡閃過無數疑問，但拒絕一杯咖啡之後，我付出了沉重的代價，所以我接過他遞過來的果汁一飲而盡，可是卻發生了不可思議的事。就在我喝完果汁、放下罐子的瞬間，學生的表情開始起了變化，那張天真開朗的臉孔，就和起初在走廊上遞咖啡給我時一樣。接著，他彷彿先前什麼事也沒有的樣子，開心地說道：

「教授，您這學期真是辛苦了，我獲得了很多收穫。下學期也能去聽您的課吧？」

儘管感到不可思議，但總之多虧了一罐果汁，我和讓人頭疼的學生逐漸拉近距離。他在完成研究所的課業前，一共聽了我兩堂課。後來，我聽他說起小時候的事，才終於明白為何會發生那樣哭笑不得的狀況。

「我鼓起了勇氣，想請第一次見面的教授喝咖啡，可是您不是拒絕了嗎？我尷尬地拿著紙杯的那一刻，突然胸口深處感受到長期以來的傷痛，各種情緒瞬間湧上，想起過去我爸媽對我造成的傷口。」

在態度較為冷淡的父母身邊長大的他，從小不管要求什麼，大部分都會遭到拒絕。在他的潛意識裡，因拒絕所造成的傷口，促使他把從父母身上感受到的失望、憤怒以及委屈直接投射到我身上。對這名學生來說，我拒絕了那杯咖啡，成了使過去傷口惡化的導火線。

童年的創傷，後來也會投射到其他人身上，這種現象就叫做「移情作用」。佛洛伊德所提出的移情作用，是指過去的經驗對目前的關係造成負面影響，造成對方錯認和誤解的現象。我則因為這位學生的移情作用，平白無故地受了一整個學期的罪。

☺ 像自己的孩子更討人喜歡

移情作用會頻繁地出現於各種人際關係中。不只父母與子女、夫婦之間經常發生，同時也適用於父母對某個孩子的偏愛。父母對子女的愛都是相同的，「手心手背都是肉」。儘管話這麼說，但依我幫許多人諮商的經驗來看，這是一種「紙上談兵」的說法，與現實狀況有些差異。只要養過孩子的，大部分都會承認有比較偏愛的孩子，或比其他兄弟更穩重而值得信賴的孩子。父母受到童年經驗的影響，不自覺地特別疼愛某個孩子，或者相反地，對某個孩子特別地嚴格。

秀彬是三姊妹之中的老么，因為家境並不富裕，小時候總是得和兩位姐姐爭個你死我活。要是什麼也不做，就沒有新衣服可穿；要是不哭不鬧，就連進大學都有困難。秀彬特別嫉妒父母寄予厚望的大姊。後來，秀彬在婚後生下了兩個女兒。很奇怪地，她沒辦法真心喜歡大女兒，不管大女兒做什麼，都會心生厭惡。另一方面，看到小女兒時，她卻會產生惻隱之心，對她特別好。這是移情作用造成，秀彬在潛意識中把大女兒視為過去使自己痛苦的大姊，並把小女兒投射成總是夾在姐姐們之中的自己。其實，秀彬之所以會格外疼愛小女兒，正是為了補償過去無法充分獲得愛的自己。

☺尋找代替父親的丈夫

移情作用尤其會對夫妻關係造成負面影響。試圖補償童年傷口的心理，會造成自己過度要求配偶。然而，不管是丈夫或太太，都不是能夠全盤接受對方要求、十全十美的人。對配偶的要求無法獲得滿足時，很快就會轉變成失望、不安與後悔的情緒。

年過25歲的敏英，對丈夫的漠不關心與自私性格逐漸感到厭倦。因為丈夫完全不瞭解自己的情感，她對丈夫感到極度失望之餘來到諮商室。與她對話的同時，我明白她何以對丈夫產生過多的失望感。敏英的父親在她小學六年級時就去世了，因為敏英非常喜歡父親，所以父親的早逝成了她心中的傷口。敏英在婚前異性緣很好，許多異性接近她，但她卻無法產生好感。直到她遇見性格如同父親一樣溫柔、溫暖的男子，便深深地受到吸引，而這位男子便是現在的丈夫。

敏英對丈夫產生了移情作用，她期望父親來不及給她的愛，能由丈夫來填補。可是實際上，若是能扮演好丈夫的角色就很了不起了。丈夫畢竟是丈夫，而非父親。敏英期待在丈夫身上獲得父愛，最後因失望導致婚姻出現了危機。她甚至很難忍受疲倦的丈夫在週末時睡覺的樣子。兒時記憶中的父親，總是背著年幼的女兒去散步，或者買棉花糖給女兒，陪她度過周末。看到丈夫筋疲力竭的模樣，會覺得很討人厭，而不是認為他很可憐，問題是出在期待丈夫能代替父親角色的敏英身上。

我勸他們夫妻倆一同接受夫妻諮商，見到丈夫之後，發現我的猜想沒有錯。丈夫只認為自己要為家庭打拼，全然不知太太期待他扮演父親的角色。他也因為妻子不曾肯定自己為家庭的付出與努力而內心受傷。

夫妻無故持續爭吵，或者實在找不到夫妻關係惡化的明確原因時，先想想問題是不是出在自己身上。尤其是自己童年時期過得不幸福的話，可能性就更高。容易產生移情作用的人，大部分是在童年時經歷了重大創傷，也就是內在小孩在童年受創，對目前的生活造成了影響。當目前生活的痛苦難熬是由童年創傷所造成，怪罪對方的移情作用就會自然出現，有時還會指稱對方的缺點才是造成婚姻危機的起因，替自己合理化。了解自己婚姻的痛苦與不幸來自於移情作用，儘管會讓人感到痛苦。然而，若不好好照顧自己受傷的內在小孩，或者不去檢視移情作用的話，令人煎熬的關係就會持續下去。以健康的心態面對移情作用需要時間，檢視長期以來的內心時，也會體驗到難以承受的悲傷，那都是因為裡頭存放著想逃離一輩子或隱藏起來的傷口與痛苦。

那位學生折磨剛踏上大學講台的我，在自己的好意遭到拒絕時，如果也能客觀地察看內心湧現的憤怒與埋怨等負面情緒，問題就能輕鬆解決。儘管當下感到自尊心受損、情緒有起伏，但如果他能區分出這情緒不是因為對方，而是源自過去的創傷，衝突就能迎刃而解。

即便與親愛的家人在一起，仍感到孤單

在老朋友之中，有一位經常訴說自己很孤單的教授。她在眾多兄弟姊妹中排行老四，在缺乏父母特別關愛的環境下長大。因為當時生存不易，為了養家活口的父母總是很忙碌，而代替父母給她呵護與關愛的人正是阿姨。

「原本和我們住在一塊的阿姨，有一天搬走了。裝載搬家行李的車子離開時，我哭哭啼啼地要阿姨別走，最後還跟到車上去。阿姨也很心疼，就把我帶到新家，房東看到有小朋友下車，馬上就大發脾氣，追問說：『不是說沒孩子嗎？這話是不是說錯了啊？』本來想讓我住一晚的阿姨，只能無可奈何地再次送我回家。回家的路上我不停地哭，當時的孤單與失落感，即便是過了三十年後的現在仍記憶猶新。想到當時，胸口就很悶，好像到現在還無法擺脫那股孤單。」

就算是現在，她仍無時無刻感到孤獨，怕被深愛的人所遺棄，帶著不安而活著。她擔心自己深愛的丈夫與子女，有一天也會像阿姨一樣離去，所以與家人享用晚餐時，也會突然感到深刻的孤獨。儘管獨自一人時，我們會感到孤單，但在自己所愛之人身旁，孤單仍如影隨形，更準確地來說，是一種害怕再次變成一個人的恐懼心理。

☺ 我總是感到孤單

小時候孤單的人容易有寂寞感，這種人平時會很努力避免寂寞，像是埋首於工作，或是無時無刻照顧身邊的人，為了不感到孤單而四處奔波。然而，不管再怎麼努力，仍無法擺脫孤單。

從客觀的角度來看，明明處境並非如此，為何老是說自己寂寞呢？那是因為情感頻道定頻的結果。我們不會對發生的一連串事件出現情緒反應，因為情感頻道一旦固定於某頻，就會持續維持相同情感。就如同有一至九十台等無數電視頻道，但頻道固定於某一台後，遊戲節目會持續播放遊戲，運動節目則會24小時轉播運動比賽一樣。

家庭是我們出生以來第一個建立關係的地方，我們在家庭內建立何種關係、體驗到何種情感，會使我們一輩子的情感固定於某一個頻道，這即是童年的孤單何以持續一輩子的原因。

我們以家庭關係為基礎，建立起人生無數人際關係的基本信任與期待，而這會對朋友、戀人、夫婦、子女等各種關係造成許多影響。我們的人際關係，可說是家庭關係的翻版。根據家庭關係的框架，之後無數的人際關係都會與其相似。小時候孤單的人，會不自覺地感到孤獨，並對日常生活中的寂寞更為敏感。可是實際上當事人並不曉得這份孤單來自於自己內心，大部分會將責任歸咎於自身環境、家人、身邊的人，渾然不知自己才是造成孤單的主因。舉個簡單例子，大部分的人都認為參加同學會很枯燥乏味，但問起原因時，人們會回答：「不曉得耶……就算去了，也只會見到事業有成的人誇自己多厲害，不用想也知道會講一些跟職業有關的無趣話題，每次還不都那樣？」然而，並不是同學會乏味，是因為身處同學會的自己覺得孤單，尤其是和同學比較之後，心生自卑感而感到不自在。

☺結婚就能解決孤單的問題嗎？

對於結婚的錯誤想法之一，即是幻想婚後便不再感到孤單。實際上有許多人因為內心空虛寂寞、厭倦了獨自吃飯而步入婚姻，但結婚反倒可能帶來更深的孤獨感。因孤單而結婚的人將會了解到，等待自己的，是有別於單身的另一種空虛感。

我在婚前度過了很長的租屋生活。我很討厭每次從學校回到空蕩蕩的冰冷房間，我認為解決辦法就是趕快找個心愛的人，彼此互相依偎。終於我交了女朋友，也結了婚，但婚後依舊孤獨。只要和太太起了爭執，雙方就會冷戰。在那一刻，甚至會產生「還不如在租屋處打滾，獨自承受孤獨更好」的想法。

我們經常會因親密的人而感到孤單或受傷。那人對我有多重要，我受到的傷害就有多深。孤獨終老的白髮族，何時最感孤獨呢？自己那般疼愛、重視的子女不願照顧自己時。我們會因自己認為重要的人而受到傷害，例如公司主管、同事、好友、父母、男女朋友、配偶等，並且感到孤單不安。尤其是在家庭內，小時候是父母，婚後則是由配偶扮演那個角色。

有一回，我在聽廣播時，聽到歌詞「結婚是一種瘋狂舉動」，精神頓時為之一振，後來確認了一下，發現那是一首名為「華麗單身族」的歌曲。

結婚是一種瘋狂舉動，
我真心那樣認為，放下這美好世界，
卻急忙束縛彼此。

倘若如歌詞所言，為了避免孤單而結婚是一種「瘋狂舉動」，那麼，不結婚就不孤單了嗎？倘若並非如此，那麼究竟該如何擺脫這孤單的無限詛咒呢？關於這點，比起不管是單身時期或婚後都同樣感到孤單的我，參考全世界公認的暢銷作家的建議更合適。翻譯成三十四種語言、銷售數百萬本的《愛的藝術》的作者埃里希．佛洛姆（Erich Fromm），除了該作品之外，還寫下《生命的展現》（To Have or to Be）、《逃避自由》（Escape from Freedom）等暢銷書。作者是精神分析學者，亦是社會心理學家。佛洛姆將諮商定義為「了解自己的過程」。根據這句話，接受諮商的行為本身並非精神治療，而是透過諮商的過程來了解自己，獲得擺脫反覆不幸的線索。此時重要的不是單純地用頭腦去知道「是啊，我小時候很孤單，受到了傷害」，而是透過內心與情感去了解。韓語意味「知道」的詞語僅有一個，但德語卻有超過五種說法。佛洛姆所說的「了解自己」，是指用心與情感去直視、理解自身傷痛。明白自身傷痛的人，就能客觀地看待它，了解為何孤單總是壓抑著自己，還有為什麼會擔心，如果深愛的人離自己而去，會不會變得更加孤單。

儘管明白佔據內心深處的孤單源自何處，但並不意味著就能擺脫孤單，因為小時候便如影隨形的孤單，以及害怕失去深愛之人的不安感，會如同生活習慣一再重複。然而，明白根源之後，一定會帶來改變。接下來就需要每天在日常生活中與自己對話、說服自己。過去，當孤單與不安襲來，會因身陷其中而痛苦不已，但如今已能從客觀角度去處理那些情感。當孤單與不安找上門，你開始能夠說服自己，「是啊，那並不是因為那個人，而是來自我內在」、「是我不自覺地在反覆經歷幼年時的家庭關係模式與情感頻道」，控制住瞬間湧上的孤單與不安。「治癒」指的不是徹底抹去傷痛，而且很遺憾的是，過去的傷痛無法一下子消失得無影無蹤，我們只能避免過往傷痛再度傷害或者扭曲目前的情感。

諮商時，經常有許多人會問：「接受諮商之後，為何仍能感覺到內心的傷痛，不見有任何變化呢？」即便接受諮商，也無法一次解決我們的傷痛。只是能察覺自身傷痛，並藉由不斷地自我對談，自行控制傷痛帶來的痛苦。

小時候曾經感到孤單的丈夫

有一個從小孤單長大的孩子，因父母忙著做生意，很晚才回家，在沒有兄弟姊妹的陪伴下，他只能孤伶伶地度過童年。每當感到孤單，他就坐在家門階梯下方發呆，也沒有人關懷這個蜷縮在階梯角落的孩子。如今，那個孩子已是邁入40大關的公司職員，是一位女人的丈夫，也是兩個孩子的爸爸，但他依舊孤單。即便妻子愛著自己，子女也很依賴爸爸，他仍感到與家庭格格不入。與家人吃飯、看電視時，內心總會回到兒時那階梯上，回到帶著深深的孤單感、蜷縮身子的自己。多年來，他的內心始終撫摸自己的傷口，與家人保持著距離。

我試著傾聽其他家人的說法。妻兒顯然需要丈夫與爸爸。太太因為只埋首於工作的丈夫，內心感到空虛。儘管丈夫很努力為家庭打拼，但她卻對此產生了疑問。「爸爸，今天回家陪我玩嘛。」這是小學二年級的兒子和爸爸通話時說的話。這個家庭的丈夫、爸爸的位置是空的。太太自嘲地說，如果非得因為工作而疏忽家人的話，那所有女人都應該要有三名丈夫吧：賺錢的丈夫、聽自己說話的丈夫，以及溫柔陪孩子玩的丈夫。

丈夫之所以視工作為第一、冷落家庭，不是因為他不愛妻兒，只是他相信這對妻兒來說是最好的，他並不曉得自己在家庭中該扮演什麼角色。你覺得讓丈夫擺脫自己打造的孤獨枷鎖，又能滿足妻子與孩子迫切期望的方法是什麼呢？

☺受傷時會去找誰？

「小時候，當你受到傷害或感到挫折，會先跑去找誰？」

當我向個案提出這個問題時，通常他們會瞪大眼睛。因為是陳年往事，已不復記憶，或者心想「這諮商師又想挖出什麼？」而擺出訝異的表情。略帶遲疑後，他們大多吐露的答案是「沒有去找任何人」。他們會給我「把自己關在房裡」或者「抱著狗狗躲起來」等回答。也有許多人說，雖然想告訴父母，可是因為他們不在，或者看起來非常忙碌，所以沒能說出口。

人們在感到痛苦煎熬時，會依賴最親密、最信賴的人，並透過那個人獲得安慰與信心。依賴的對象不見得能幫忙解決問題，只是向他吐露心聲，心情就會好轉許多。身為憤怒與精神虐待領域的世界權威、曾於CNN歐普拉脫口秀等知名電視節目上宣導諮商的貝芙莉．英格爾（Beverly Engel）如此說道：「小時候，只要我們信任並依賴的父母給予一個溫暖的擁抱、說一句話，就能讓膝蓋的傷口停止流血。」

因某件事情受傷時，卻無法向任何人求助，就代表傷口不曾癒合。這些人已經成了即便再痛也無法開口的啞巴。所以，深切的孤單與孤獨感才會在內心深處扎根。

☺難以在家人身上獲得歸屬感

我們所有人皆屬於父母、家庭、夫婦關係中的一環，並且靠著融入企業、社區等團體的過程來定義自我認同，獲得心靈的安定。被隸屬的團體拋棄，會對心靈留下深刻的傷痕，此時創傷會以暴力的形式表露於外，又或者向內施壓，而最極端的狀況就是步上自殺一途。

現代的報紙與電視新聞報導了家庭內的無數犯罪事件。身為德國漢諾威犯罪研究所所長的克里斯丁・菲佛（Christian Pfeiffer）就表示，對已婚女性而言，最危險的男性莫過於丈夫。因為與妻子的關係破裂，或者被妻子拋棄造成的打擊，導致其衝動犯下犯罪行為的例子比比皆是。由此也可得知，當自己被所屬團體或同伴拋棄時，對心靈造成的傷口有多大。

我們所有人都會從家庭獲得歸屬感，當我們與家人緊密連結，形成良好的依附關係，從家中感受到的歸屬感，會成為愛與幸福感的泉源。我不是獨自一人，而是屬於這個家，而家人也同樣屬於我的感覺，會明確地為自我認同帶來答案，以及心理上的安定感。

留學時期，在我居住的社區內，有一位60歲的醫生。她是單身主義者，也是一位令人尊敬的女士，即便終生未婚，但她領養了孩子，並悉心將孩子培養成社會上的成功人士。有一回，我和這位女士聊起領養的話題，並替自己身為韓國人感到極度羞愧。在德國領養的孩子大部分是韓國人，原本她也想領養韓國小孩，但因緣際會下領養了柬埔寨的孩子。雖不曉得現在情況是否稍有不同，但在當時，德國眼中的韓國，就等於領養兒童輸出國的代名詞。被德國家庭領養的韓國孩子，多半會在長大成年後拜訪韓國，或者傳消息到韓國，尋找自己的親生父母。為何要尋找拋棄自己的父母呢？是因為血濃如水嗎？不是的。這些被領養的人是想知道自己是誰，還有原本屬於哪裡。他們想見見拋棄自己的父母，確認自己的根源與原本應該歸屬的環境，因為這對於自我認同的發展是不可或缺的。

無法被家人接受、一再遭到拒絕，會對一個人的自我認同與自尊感留下創傷。他會認為自己是毫無價值、百無一用之人。即便在建立家庭後，自尊感低的心理，也會使他看起來像是個對家人漠不關心、只在乎自己事情的自私之徒。但其實他本意並非如此，只是不懂得該如何做，才能和他人建立起良好關係，或者該如何創造和諧氣氛。

即便是在社會團體中，帶著此種創傷的人，也會被認為是有些格格不入、難以同化的個體。這些人不僅嚴以律己，也嚴以待人，同時對他人的評價過度反應或敏感。與他人起爭執或有衝突時，他會無法承受壓力，感到痛苦不堪。因此，很難期待他以成熟的態度去協商、理解對方或達成共識。他被剝奪了人生可以多采多姿的樂趣，當然他也無法形成緊密的人際關係。即便有時和某個人變得親密，也會因為對那個人付出過多關注，最後將關係搞砸。當這種衝突一再反覆，人就會與家人以及身邊的人漸行漸遠。為了保護被冷落而受傷的自己，他會採取更強烈的保護手段，像是情緒爆發、強迫行為、試圖自殺、委靡不振、憂鬱症、性放縱、成癮等。少了歸屬感，會使人缺乏愛與人情味，變成所有問題的根源。

我們必須努力將家打造成溫暖的窩，使每位成員都能在其中獲得歸屬感、感到平靜。特別是兒時孤單的人，越要努力避免同樣的狀況再度上演。當時自己雖然是個束手無策、無力改變任何事的孩子，但如今是個大人了，就得自行負起責任。接受自己現在的模樣，不要去否決它，還有懂得家人現在有多痛苦、有多忍耐。要讓兒時的傷口復原，好好照顧自己的情感，使自己慢慢從長期逃避並自我孤立的內心走出來。對於成長過程不幸的人來說，由衷愛家人、給予家人關愛是一種很陌生的經驗，儘管過程並不容易，但它會成為照亮自己人生的溫暖燈火，使珍貴的家有一個明亮未來。

心靈的創傷會在身體留下痕跡

電影或電視劇導演在拍攝作品之前，都會煩惱該找哪些演員，此時就會找無數的演員來試鏡。或許是有伯樂識馬的眼光，打從一開始，導演就能感覺到哪個新人演員能大放光彩。據說韓流元祖的電視劇〈冬季戀歌〉的導演尹錫瑚，初次見到裴勇俊時便有那種感覺，但是問起原因，又很難明確說出什麼。

從演員體內爆發的能量波動，會給予導演一種直覺。這種人的身體與內在之間循環的能量，會緊密地互相連結。身體就如同一面反射內心的鏡子，它會提供重要的線索，顯示出我們的內心發生了什麼事情。我們的身體儲存著過去的種種痕跡，像是身體會記得食物的味道就是其中一個例子。因為地瓜而消化不良的人，光看到地瓜就會食慾大減；因為身體記住了杏子的酸味，所以聽到「杏子」就會分泌唾液。身體同樣會記住內心的創傷（trauma），並且記憶隨時都會重現。

留下代表作《沉默》的日本大文豪遠藤周作，多次被提名為諾貝爾文學獎的候選人，並且受評為20世紀文學的巨匠。遠藤周作曾創作一位中年男性帶著創傷記憶的故事。生活再平凡不過的中年男性，有一天蹲坐在廁所裡，結果膝蓋瞬間僵硬，不管他怎麼使力都無法起身。到醫院接受檢查後，身體也沒發現任何異常。就算再怎麼按摩，腿也無法伸直。最後透過精神分析找到了原因。他曾在年輕時，接到長官的命令，要他用刀槍殺死俘虜。俘虜的雙手被綁在背後，身子蜷曲坐著。他依照長官的命令，迫於無奈用刀槍刺死那位俘虜。親手殺人的罪惡感，促使他決定要盡快忘掉這件事，長久以來，他也幾乎遺忘了。後來，就在某一天，他擺出與當時死去俘虜相同的姿勢，身子蜷曲坐著時，潛意識突然浮現被抹去的可怕回憶，身體也隨之麻痺著。

☺ 傷口烙印於身體上的記憶

德國弗萊堡大學教授兼心理治療醫學領域的首席專科醫生尤阿希姆・鮑爾

（Joachim Bauer）曾說，創傷的記憶存於我們的潛意識中，且會在我們身體留下印痕（engram）。經歷創傷後留下的印痕，可能不會引發任何痛苦，默默地進入長久的「冬眠」狀態。然而，數年、數十年流逝，若受到嚴重精神壓力，創傷的記憶便會突然甦醒，儲存心中的苦痛也會再度復發。

30多歲的黃姓主婦與丈夫行房時總是痛苦不已。每當丈夫提出要求，內心就會緊張不安。丈夫的手碰觸到身體時，她會反射性地縮起僵硬的身子，強迫自己忍耐到結束，甚至感到有一股難以言喻的羞恥感與憤怒。黃姓主婦深愛著丈夫，丈夫也是個溫柔的人，很疼惜太太，但她卻對行房一事恨之入骨。別說身體會感到燥熱或有快感了，越是打從心底去感受丈夫的撫觸，整個人越是無法動彈。

這一切是因為黃姓主婦曾在小學時受到鄰家哥哥的性騷擾，即便多年過去了，當天的羞恥感與憤怒依舊如影隨形。即便在她與深愛的丈夫享受魚水之歡時，當時的創傷與烙印仍持續折磨她。

佛洛伊德（Sigmund Freud）把像黃姓主婦一樣，身體持續感受到多年前性騷擾的傷口，稱為「記憶創傷的方式」。我們的身體會透過持續感受過去的衝擊性痛苦來記住過去。依佛洛伊德的觀點來看，身體是想藉由重現痛苦來試圖控制它。也就是說，為了掌握創傷而讓痛苦一再出現。

☺創傷越多，對壓力就越敏感

心理學就是以「童年的經驗會對人生造成影響」的前提為出發點，最近還發現了童年的創傷經驗會扭曲大腦的生化作用，導致壓力荷爾蒙過度分泌，神經逐漸變得敏感。成年後，即便是微小的壓力，荷爾蒙分泌也會失調，全身警報大作，變得虛弱無力，心情低落。當此狀態持續或頻繁出現，便可能患上憂鬱症、恐慌症、恐懼症、強迫症等各種壓力性疾病。

有些人對於壓力的反應比其他人更加敏感。很容易有壓力，要消除壓力需要花上許多時間，這種人通常是兒時受到高度壓力所致。創傷的經驗，會使體質變得對壓力敏感。我們可能以為，有許多心理陰影的人，會比經驗少的人更能克服創傷，但實際上並非如此。經歷過的人只會更痛苦。相反地，在父母悉心照顧下，心靈比較少受創的人反而更懂得應付壓力。童年有過許多陰影的人，會因為壓力回應系統受到損害，無法消除壓力，而變得敏感。

美國那洛巴大學（Naropa University）的身體心理治療學系教授克莉絲汀・寇威爾（Christine Caldwell）乃是此領域的先驅。她主張，人們為了解決心中殘存的陰影，會使用「離開自己身體的方式」，也就是成癮。成癮是童年陰影創造出來的固定身體反應。人們平時會依賴酒精、尼古丁、賭博、電玩、性等，暫時逃離自己的身體狀態與創傷的痛苦。成癮的特徵是會形成循環，而我們的身體也因此更沉溺其中。

周遭經常可見到為了減輕痛苦而選擇成癮行為的人，他們透過成癮來逃避痛苦的情緒，並逐漸產生依賴。然而問題的關鍵在於承受力，即使能藉由脫軌行為暫時遺忘，但之後就不再管用。對於飢餓的人而言，享受一個麵包時的幸福感與滋味可比山珍海味，但當他吃兩個、三個以後，隨著吃的麵包增加，滿足感便逐漸下降。這即是經濟學所說的邊際效用遞減法則。而成癮也有相同的現象，當他不再感到滿足時，又再給他一個麵包的話呢？如今成癮不再是緩和痛苦的工具，它變成了一座監獄。正如同瑪麗蓮夢露因藥物成癮而香消玉殞，流行樂之王麥可傑克森過度服用藥物，最後仍無法戰勝現實的苦痛，成癮同樣無法成為真正的解藥。

☺替心靈的傷口綁上繃帶吧

創傷並不是一輩子無法治癒的，儘管不容易，但治療是有可能的。有一本改編成電影，並在韓國上演的日本小說《繃帶俱樂部》，訴說的是關於受傷人們的故事。因父親的不倫戀，主角笑美子承受著父母離異的悲傷。她在偶然的機緣下，遇見一名叫做迪諾的男學生，設立了名為「繃帶俱樂部」的網站，傾聽人們的故事，並為他們的傷口治療。只要內心受傷的人委託，繃帶俱樂部的成員就會立即出動至現場，進行儀式，替傷痛發生的地點纏上繃帶。他們會將此部分拍攝下來、寄給當事人，任務就算結束。有一次，一位少年誤將足球射入己方球門，為了治療他的創傷，成員親自跑到現場，替進球的球門與足球綁上繃帶；他們也曾在失戀的女學生與男朋友分手的鞦韆上纏繃帶。繃帶俱樂部的成員治療傷口的方法非常單純，就是在傷口部位纏上繃帶，而這亦也是創傷治療時必要的方法。為了解決創傷，就必須先找到受傷的部位，在上頭綁繃帶才行。但問題就在於，我們得在內心找到跟球門或鞦韆一樣具體的地方。

家庭治療的先驅薩提爾（Virginia Satir）替內心受創傷的個案與其家人諮商時，

她所使用的繃帶是「身體接觸」。薩提爾不僅透過對話與言語來進行諮商，同時也藉由身體接觸來恢復家庭關係。曾經有父母因為孩子性格敏感挑剔，無緣無故討厭弟妹、欺負弟妹而前來諮商。薩提爾建議父母花三週時間陪孩子玩、幫他按摩。令人吃驚的是，三週後孩子變得溫順許多，也能和弟妹和平相處了。原本關係惡劣的夫妻，在每天替對方按摩手腳二十分鐘，牽著手互視五分鐘之後，關係也出現了變化。身體接觸是一種大腦的交流，也是心靈的交流。幫助心靈疏通的身體接觸，能使烙印於我們內心的創傷記憶瓦解，並具有治癒傷口的驚人效果。

治療內心創傷需要專家的幫助。因陸文斯基事件，導致柯林頓的政治生涯與婚姻面臨前所未有的危機時，柯林頓夫婦倆一同接受了夫妻諮商。儘管有些人分析，希拉蕊之所以未選擇離婚一途，是為了她將來想當上總統的政治野心，但站在家庭諮商師的角度來看，這個決定應是受到夫妻諮商的許多影響。

當我們不知道該如何處理事情時，會尋求專家的幫助。車子故障會送到修車廠，身體生病了，就到醫院接受治療。可是唯獨碰到心靈創傷時，卻傾向於自行解決。汽車是由數千種零件組成的精巧機器，但它們遠比不上自成一個宇宙的人體。此外，不管我們的身體再怎麼複雜，也比不上人心深奧、細緻。海水難量，但人心更難測，若是難以獨自克服創傷時，盡快尋求專家的幫助才是明智之舉。

習以為常的不幸

有一位總是感到焦慮的女性來到了諮商室。即便坐在椅子上，她也顯得坐立難安。她帶著不安的神情，訴說銀行密碼神不知鬼不覺地被換掉，每天駭客會攻擊自己的郵件數十次、家裡的鑰匙莫名被更換、只要拿起話筒，就會聽見奇怪的雜音。她也反覆地說，自己一定是遭到竊聽，是有人想加害於她。倘若此話屬實，就表示她身邊有巨大的陰謀進行著。但是有如懸疑電影般的狀況，在現實生活幾乎不會發生。她顯露出的種種症狀，我只能診斷出患了某種精神疾病。隨著諮商時間越長，她的不安才露出了真面目。

困擾這位女人的問題，源自於對「丈夫會不會離開我？」的恐懼。害怕被拋棄的心理，使她的不安與懷疑擴及到日常生活中，發展成輕微的被害型妄想症。所以她開始懷疑丈夫等人，也因為不受理解，導致病情迅速惡化。

其實，沒有人想攻擊或加害於這位女人，她的丈夫也絲毫沒有想離開她的念頭。然而何以她要將自己囚禁於不安與懷疑之中，每天過得如此煎熬呢？為她帶來痛苦的問題，不是來自於外在，而是因為她自行將重擔扛在了身上。

☺害怕被拋棄的不安心理

許多人害怕深愛的人會離開自己，因而求助於家庭關係諮商。他們經常執著於親近的人可能會死亡，或者自己會遭到拋棄的想法。當對方一生氣，他們就會更加不安，並且用「看吧？我想得沒錯」的說法來自我折磨。

永無止盡的杞人憂天，有時可能會成為現實。懷著不安的心理，不停地糾纏親近的人，最後使對方感到疲累。另一方面，也因為害怕對方離去，所以用嚴苛的標準對待對方，使雙方的關係變得疏遠。即便內心不是如此，可是因為害怕自己若是深陷其中，全心全意付出後，最後卻遭到拋棄，所以便企圖克制自己的情感，表現出態度冰冷、漠不關心的樣子，或者不再向對方撒嬌。

害怕被拋棄的心理，是兒時陰影造成的自我毀滅行為。來找我諮商的她，也是因為小時候父親很早離世，內心留下了極大的傷口。創傷會引發自我毀滅的行為，而這種狀態也會使過去的不幸一再循環。

倘若我們在童年受到了傷害，在心靈受創的狀況下，不管我們再怎麼努力成為好的伴侶、好的父母，仍只會對另一半和孩子造成傷害。發現自己正在傷害對方時，又會心生愧疚感，感到絕望或憂鬱。那麼就更容易過度干涉家人或壓抑自己的情感，導致最後爆發時為家人帶來更多痛苦。

我們會在成長的過程中，逐漸熟悉特定的角色和待遇。諷刺的是，假設是成長於虐待、責罵、放任不管的環境下，自己也會對那樣的環境感到最為熟悉與自在。說起虐待，大家都會聯想到非常嚴重的狀況，但其實許多父母都會不自覺地對孩子有虐待行為。虐待的種類很多元，包括經常數落與過度指責，導致孩子自尊心受損；或者過度保護孩子，導致孩子無法自行做出決定等。然而，明明知道虐待是錯誤的，為何又在悔恨中一再發生虐待行為呢？

這是因為父母會追求與自己成長環境最為相似的教養方式，即便知道這是錯誤的行為。追求熟悉環境的本能，會導致一個人反覆童年的模式。這種回應方式會造成自我毀滅的行為不斷發生，童年的情況也會延伸到長大成人為止，最後便拋棄了「總有一天，苦痛將會結束」的希望。心理創傷會讓當事人覺得，自己所認知的世界觀就是全部，而且絕不可能逃離那裡，於是便形成了惡性循環。

☺ 延續過去痛苦的強迫症

了解童年苦痛會一再上演乃是精神分析的核心之一。為此，佛洛伊德曾刻意尋找承受痛苦的多名患者，而這些患者都持續反覆著自我毀滅性的關係或破壞性的行為。佛洛依德認為，人類有重現自我破壞行為的強迫症，而且是受到了童年經驗的影響。大部分的人都會一再遵循童年的負面模式，諮商師就經常碰到這種矛盾的個案。但為何要重現痛苦？為何不擺脫過去的模式，朝更美好的人生邁進呢？

有位太太來到了諮商室。夫妻倆人激烈爭吵時，她先是朝著丈夫的臉揮拳，但仍然無法消氣，所以又將杯子砸破，往丈夫的背上一刺。儘管刺傷丈夫是不對的，但這位太太實在是無法忍受既無能又不誠實的丈夫，她認為原因出在丈夫身上，自己才是受害者。在諮商過程中，我得知了她在童年時期曾遭到父親家暴。父親一共結婚四次，四位太太都因為無法承受家庭暴力而逃跑了。令人訝異的是，父親自己小時候也曾有過暴力創傷。爺爺總是對奶奶拳打腳踢，受到丈夫家暴的奶奶，最終以自殺結束了一生。「糟糠妻就是該揍，子女就是該打」，爺爺總是將這些話掛在嘴上。從爺爺身上承襲那套家庭教育的爸爸，也同樣對子女行使可怕的家庭暴力。兒時的家暴受害者，如今成了加害人。存在於她家族史的家庭暴力，因為維持太長的時間，最終成了不幸的循環。即便朝著丈夫發洩怒氣，面對如此殘忍的暴力行為也毫不猶豫，便不難想見，在她的憤怒背後，其實還包括了對爺爺與爸爸的憤怒。

☺與自己對話

過去的不幸模式延續到成年，是一件令人痛苦的事。身為賓夕法尼亞大學教授、研究憂鬱與焦慮情緒的認知治療先驅亞倫・貝克（Aaron T. Beck）將此種不幸的循環模式稱為「基模」（schema）。基模是人們從生活中發展出來、用以理解自身與世界的框架。由於每個人的人生經驗與環境不盡相同，基模的內容也會因人而異。問題在於，如果基模的內容是負面的，它便會成為引發心理問題的根源。

想要治療強迫自己一再重現不幸的症狀，就需要持續察覺自身的行為模式。一旦發現某種不幸的模式，就要與自己對話，說服自己停止重現不幸的行為。

有一位三十出頭的女性上班族曾來諮商。童年時期，她為了不讓爸媽與弟妹彼此分開，總是在家中扮演調停者的角色。她夾在關係不佳的父母之間，總是得看他們的臉色生活。當母親厭倦痛苦的婚姻時，她便安慰母親，並在父親面前撒嬌來化解緊張。

然而她自己的人生卻不怎麼順遂。即便過了適婚期許久，她依然沒遇見屬意的男人。不，不是沒有遇見，而是一再出現男人與她擦身而過，最後投入其他女人懷抱的過程。即便遇見了不錯的人，她也會認為與其讓對方當自己的人生伴侶，不如介紹給其他人，但事後又感到遺憾後悔。她對自己的遭遇不勝唏嘘，經常自嘲地說，「我只是個臨時停車場」。最大的原因就在於，曾經在婚姻不幸的父母間擔任調停者的她，不自覺地對婚姻本身產生了不信任。解決問題的方法，即是朝著自己大喊「夠了，該停止了！Stop！」。

「要是擔心婚姻會和父母一樣不幸福，就和自己對話。」

「該怎麼做呢？」

「產生負面想法時，就對自己說『夠了，停下來』。」

「這樣就能解決嗎？」

「擔心會和父母一樣婚姻不幸福是很自然的，但妳必須說服自己，不要因為受到不安箝制，而放棄了自己的幸福！」

在諮商初期，她會按照我的吩咐，一天嘗試和自己對話數十次，這也意味著她常常感到不安。隨著諮商次數的增加，她說服自己的時間也逐漸縮短。總有一天，一天會變成幾次，接下來是幾天只有一兩次，遲早她會停止扮演臨時停車場的角色。我也不禁期待，未來她會成為眾列車聚集的中央車站，而不是暫作停留的臨時車站。

丈夫之所以冷漠的祕密

太平洋戰爭發生時，西德尼・史都華（Sidney Stewart）成了日本軍的俘虜，被囚禁在菲律賓叢林裡。當時他經歷的事情，打破了一般人的觀念。他說，身處惡劣環境的俘虜之中，最先死去的人竟是肌肉最為發達的運動選手。身體強健的他們看似能夠克服惡劣環境並生存到最後，但事實上他們是習慣於舒適狀態的人。為了持續鍛鍊身體，運動選手必須吃好睡飽，在適當的時間運動和休息。相反地，在惡劣環境下生存最長久的，據說是詩人等多少會幻想的人。儘管身子孱弱，但透過內在對所處環境的幻想，因此能戰勝、擺脫現實的煎熬。

幻想是能讓人類暫時擺脫痛苦狀態，為心靈帶來正面能量的工具。它使人得以在現實帶來苦痛的危機、不安、緊張、虛弱無力、厭煩之中喘息。就這點而言，幻想就等於人類自行製造的麻藥，只是它不需借助藥物的幫助而已。

☺為了忘掉現實，陷入了幻想

撰寫《幻想連結》（The Fantasy Bond）的美國心理學家羅伯特・費爾史東（Robert Firestone）曾說，有一種防衛機制叫做「愛情的幻想」。他相信，無法從父母身上獲得愛的子女，能創造出如同海市蜃樓般的愛情幻想，自行獲得安慰。即便父母無法給予溫暖的愛與關心，子女仍能深深愛著自己。此外，不管父母如何漠不關心、冷淡無情，自己與父母之間仍潛藏著愛，原本不存在於關係中的愛也能被創造出來。

根據家庭諮商師約翰・布雷蕭（John Bradshaw）的說法，使用愛情幻想這個防衛機制的子女，會將自己的家人與父母理想化。因此，若是遭到父母拒絕、拋棄或是過度干涉，他們會認為「這都是因為我是個壞孩子」，將原因歸咎到自己身上，並將父母美化。因為比起接受父母不愛我，怪罪到自己身上，相較之下比較不那麼痛苦。

然而，當幻想防衛機制發展到某種程度後，就會為現實帶來問題。他們會在幻想之中，將虐待自己的父親、無法保護挨打子女的無力母親視為好的父母。所以就算不確定是否能夠戰勝當下精神上的折磨，但因為他們將父母的教養方式與婚姻理想化了，所以自己在婚後也會不自覺地重現父母的人生。

太太總是責怪朴先生「對家人一點也不關心，只會活在自己的世界」，然而他卻很難接受這項指責。因為他認為自己深愛著太太，和孩子也相處良好。朴先生說，小時候，在所有家人裡頭，就屬自己和母親最親密。由於父親很早就離世，母親得擔負起父親的職責。不過，即使母親忙著養育子女、身心俱疲，她仍非常疼愛自己。只是，當我要他具體說出自己和母親的關係有多親近，他卻猛眨眼睛，一時答不上話。朴先生猶豫了好一會，最後如此回答。

「雖然媽媽沒有直接表達對我的愛，但她是很愛我的。」

我懷疑朴先生是否啟動了愛情幻想的防衛機制。我試著讓他再多說一些。

「媽媽之所以沒有把對我的愛表現在外，是因為不想讓其他兄弟發現。我能夠諒解我媽的想法。」

我再度詢問了現實的狀況。

「那麼你如何向太太和孩子表達愛呢？」

「不用表達也知道吧？我不管是婚前或婚後，都很信任也很愛我太太。我們之間有著不必言語也能了解的深刻愛情。硬要說出來，不是更奇怪嗎？」

從心理學的角度來看，幻想雖是幫助人們遺忘痛苦的防衛機制，但過度的話可能會造成思覺失調。我們在現實與幻想間來回的同時，若能正確地認知兩者的界線，那麼就能成為對抗痛苦的良好防衛機制。然而，若是因為現實苦不堪言，持續躲進幻想中，最後便可能拒絕現實，演變成思覺失調症。朴先生之所以沒有對妻兒說出溫暖的話語、給予擁抱，或者偶爾帶家人出門聚餐，原因就在於他的幻想未曾間斷過。

☺主張兄友弟恭的家庭催眠

思覺失調指的是拒絕現實，持續陷在幻想中的狀態。家庭治療大師莫瑞・鮑文（Murray Bowen）認為，引發思覺失調的家庭是處於家庭自我（undifferentiated family ego）未分化的狀態。家庭成員的自我彼此無法正常分離開來，情感上糾結在一塊，並擁有互相束縛彼此的愛憎關係。家庭自我未分化的人會無法準確掌握現實狀況，並陷入一種家庭催眠（family trance）狀態。即使面對不當的規定、父母下了錯誤的命令，也會宛如受催眠的人般溫馴。因為無法將家庭與自己區分開來，就算家人想要的和自己的欲求不同，也會將它當成自己想要的目標；或者家庭內發生不當的行為，也會視為是正常的。

30多歲的李小姐急著跑來諮商。李小姐的先生在三兄弟中排行老二，兄弟之間的情誼相當濃厚。李小姐和先生平時與婆婆同住，而就在丈夫的大哥因事業失敗破產、與妻子離異後無處可去的情況下，問題開始浮現。

李小姐家中只有兩個房間。夫妻倆睡在主臥房，小的房間則是給婆婆和孩子使用。因為處境為難，暫時只能和婆婆同住，李小姐也試著接受了。但是當夜晚來臨，丈夫卻說要讓大哥睡在主臥房。李小姐感到驚慌失措。主臥房是夫妻倆睡覺的空間，就算是大伯，一同睡在主臥房也太強人所難。李小姐想說服丈夫，讓孩子和他們一塊睡，大伯則和婆婆一起睡在小房間，但丈夫卻顯得無可奈何。

「大哥是我們家裡的支柱，怎麼能讓大哥住小房間呢？當然要住主臥房啊！」

後來那天晚上，李小姐只得和丈夫、大伯同住在主臥室。早上起床後，因為無法和丈夫溝通，於是她向婆婆說明了狀況，但婆婆也不發一語。

「我們又不是愛斯基摩人，怎麼能讓大伯與太太共處一室呢？還有，無法理解大伯為什麼能大搖大擺地走進主臥室睡覺，婆婆的沉默也同樣讓人無言。」淚水在眼眶打轉的李小姐如此說道。

李小姐的丈夫與其家人，即是無法將幻想與現實中的兄弟之愛區分開來。其實，和大哥同睡一房的丈夫也感到很不自在，之所以無奈地睡在一起，是因為兄弟自小便活在兄友弟恭的家庭催眠之中。後來才加入這個家庭的李小姐，成了唯一能客觀看事情的第三者。

幻想，只有在人能隨時回到現實的情況才會帶來效果。為了從幻想中回到現實，就必須能夠客觀地看待自己的家人，明白我們家有著令人難以接受的真相，也就是盲點（blind spot）。

盲點原本是指汽車後視鏡（side mirror）看不見的視角，而我們也同樣必須直視並接受家庭內也有相同的部分。

自小，父母為我們帶來潛移默化的影響，對我們的意識與潛意識進行無數次催眠，我們也全然信任父母的價值觀與信念，將此視為理所當然。父母會給予命令與無數潛意識的暗示，好比說，我們聽著「你對讀書沒有天分」、「你比不上姐姐」、「你就是要早點回來」等話語長大，那麼在觀念被打破之前，這些催眠都會是屹立不搖的。有時父母與子女、夫妻之間也會互相影響，使得催眠狀態更形穩固。直到離家獨立，或者將自己從家庭中抽離時，才能逐漸擺脫那些訊息。

為了擺脫家庭催眠，就需要敞開胸懷、採取開放性的姿態。封閉的家庭總是很僵化，並固守著「不能做這個、一定要做那個」的嚴格規則。儘管家庭表面看似和睦，內部卻令人感到渾身不自在，充滿了緊張與不安感。這些令人揣揣不安的和平，乃是因為家庭內存在著不可跨越的禁忌，但因為家庭成員無法違背它，或者無法輕言說出口來所造成的。

另一方面，開放性家庭內的大小事情具有彈性，家族成員皆能夠視情況做出選擇。同時也因為理性與感性之間能夠適當區分開來，能夠客觀看待家庭所面臨的現實狀況。想成為開放性的家庭，首要條件是建立平起平坐的夫妻關係，尊重彼此的決定與選擇，並包容彼此的差異。比起夫妻倆其中一人單方面的主導，各自依據情況扮演角色的家庭，才會是健康的家庭。生活在此環境下的子女，也會感到安心自在。內心有安定感的人，自然就不需要幻想的防衛機制。

回歸原生家庭

夜空稀微閃爍的星光，其實並不是今日才反射出來的光芒。正如同遠在數十萬光年外的星芒，直到今日才抵達地球般，家庭目前展現出來的樣貌，亦是源自於遙遠的過去，因此家庭關係都擁有經歷數個世代的循環模式（recurring pattern）。家庭問題與衝突之所以未能在單一世代結束，延續到下個世代，也是基於這個原因。

結婚前，我曾在拜訪太太娘家時借用了廁所，然後見到了我家沒有的東西。並排的牙刷旁放置著牙膏，下方還扣著擠牙膏器。不久後，我和太太結婚了，太太按照自家的樣子布置了新婚房的廁所，重現了當時我看到的廁所模樣，就連我深感神奇的擠牙膏器也出現了。

但很不巧的，我並不是規規矩矩從牙膏下方往上擠的類型。不管是下方也好，上頭也罷，手抓到哪就從哪邊擠，因此太太總是神經兮兮地發起脾氣，問我為什麼放著擠牙膏器不用。為了微不足道的習慣差異，我們倆當天大吵了一架。這事雖小，但新婚初期發生的牙膏事件，其實並不是單純的吵架，而是彼此不同的家庭文化下所造成的文化衝突。

這是因為我們的內心都會嘗試回到自己成長的家庭，即便那個家悲慘不堪，總是令人孤單不安，那仍是我們最為熟悉的地方。

出生於1950年代的匈牙利，引領家庭治療運動、促使家庭治療成為專門領域的宗師之一伊凡納吉（Ivan Boszormenyi-Nagy）曾說，新組成的家庭並不是一張白紙的狀態。夫妻無法擺脫已然根深蒂固的家庭傳統與文化，獲得自由。因為雙方會將原生家庭的文化與傳統帶到新組成的婚姻中，不論是好的方面，抑或是不幸的種子。

☺不自覺地對家人造成傷害

數年前，我曾在銀行遇過這樣的事情。當時正好是月底，銀行人滿為患，有一位母親領著看起來約莫五歲的孩子站在我身旁。隨著時間流逝，開始感到無聊的孩子便開始纏著媽媽哭鬧。見媽媽對撒嬌攻勢不為所動，孩子像是向媽媽抗議似的，敲打媽媽的大腿，不停地耍賴。就在此刻，媽媽板起臉孔，甩了孩子一個巴掌。臉頰突然被摑的孩子開始嚎啕大哭，意識到周圍目光的媽媽感到慌張不已，為了讓孩子停止哭泣，手勁變得更為用力了，結果在場的所有人，只能心疼地看著不停挨耳光的孩子。

那位媽媽，難道是忽視孩子、對孩子施暴的壞母親嗎？倘若有人向孩子的媽媽詢問，「您不愛孩子嗎？」，對方肯定會火冒三丈地說：「別亂說話，我可是把這孩子當成我的全部」。其實，要是孩子陷入了危險，在銀行的眾多人群之中，會挺身救孩子的也只有那位母親。疼愛孩子的媽媽，以及毫不猶豫地甩孩子耳光的媽媽，究竟兩者之間何者為真呢？答案是「兩者皆是」。

愛爾蘭的托尼・亨弗瑞斯（Tony Humphreys）是享譽全世界的知名家庭心理學家，著作有十二本，在全球並被翻譯成二十五種語言。他花了三十年的時間，替無數暴力與虐待的問題家庭諮商。他曾經表示，自己從未見過一名刻意想傷害子女和另一半的人，幾乎大部分都是在不自覺的狀況下犯錯，對子女和另一半造成傷害，令家庭陷入前所未有的危機與衝突。

就連隨心所欲地使喚、操縱、訓斥家人，輕易對家人發脾氣的人，一開始也不是有意如此。那麼，為何這種人會為所欲為，不自覺地對另一半與孩子造成傷害呢？那是因為他自己在童年時期也是這麼走過來的。家庭危機與問題，會讓那個家庭的侷限性表露無遺。家庭的侷限性，是由成長的家庭環境所決定。如果去檢視那些面臨危機的家庭，便可以發現，有許多人不由自主地延續了上一代的不幸，而且現在的家庭也擁有與上一代相同的侷限性。

☺ 父母的不幸再度上演

小時候，父母離異後便遭到拋棄，在艱辛的環境中長大的男人，偶然在網路聊天室遇見了一名女性，他在交往期間向女友吐露真心，「我因為父母離婚而被拋棄，但我絕對不會拋棄家人，不會過著跟我父母相同的人生。」男人想組成家庭的渴望打動了女友的心，於是她不顧家人的強力反對，堅持與對方結婚，然而這場婚姻的下場卻十分悲慘。原本婚前不常喝酒的男人，每天喝得醉醺醺地回家，除了怒罵太太，還對她與兒子施暴。之後更變本加厲，用菸蒂燙傷太太的身體。但太太不敢將如此緊急的狀況告訴娘家的家人，這是她不顧家人激烈反對所選擇的婚姻，因此只能默默承受。

這位女人終究在結婚十五年後，費盡千辛萬苦離了婚，卻在六個月後罹癌過世了。女人對夢想組織家庭的男人深信不疑，與他步入了婚姻，最後換來的卻是不幸的人生與癌症。認為父親是怪物的兒子，也拒絕與父親同住，毅然決然地跑去投靠外婆。

從小身為孤兒的男人，最終卻與自己的願望背道而馳，重現了自己童年的家庭環境，這就等於他再度成了孤兒。不管是在痛苦的婚姻中罹癌過世的妻子，或是埋怨父親的兒子，所有人都離他而去。

童年經歷不幸家庭關係的人，成年後也會不自覺地重現過去的經驗。在不幸中成長的子女，小時候自父母身上承襲了過多的影響。痛苦的家庭關係所造成的壓力與不安感，成了一種慢性疾病，導致身處負面狀態時，反倒會令自己更自在。正如同等待鞭子落下時會感到惴惴不安，直到挨打的那瞬間，才鬆了一口氣般，當他們感到開心、幸福時，又會在不安之餘，刻意去追求不幸與痛苦。帶著想擺脫不幸家庭關係的意識，終究卻又如同物歸原位般，下意識地反覆著不幸。即便是看似正常的人、學識淵博的人，也同樣會在未察覺家族流動的世代枷鎖下，重複扭曲的家庭關係。

如何阻止家庭問題延續至下一代呢？莫瑞．包溫（Murray Bowen）表示，面對問題的人有必要以客觀角度來檢視童年時的家庭，回顧自己的婚姻是否重現了兒時父母的生活，或者自己是否重現了父母的行為，像是生氣時沉默不語、火氣爆發、以挖苦的語氣回應、口出惡言、與他人比較、威脅的說話口吻等。你必須回到小時候，正視身為孩子的自己所經歷的恐懼、羞恥心、憤怒、無力感等。藉由這個過程，你會領悟到，自己正不經意地出現小時候習以為常的行為，並且為子女和配偶帶來相同的悲慘感受，而你必須下定決心，不再讓任何人承襲那樣的經驗。

越是隱藏、否認，傷口就越大

創傷（trauma）是指精神上的創傷後壓力症候群，但並非所有心靈傷口都可稱為創傷。當我們被銳利的東西稍微割到手時，雖然會流血疼痛，但只要好好止血、包紮好，幾天後傷口就會痊癒，彷彿什麼事也沒發生過。然而傷口深的話，不僅難以癒合，治療後仍會留下疤痕。心理學所說的創傷，即是這種持續且可能留下一輩子的心靈傷口。

比起人潮洶湧的捷運或公共場所，創傷更常發生於家庭內。家人不是偶然碰見一次的人，要再次遇到捷運上令人不快的人，其機率可說是微乎其微，但不論喜歡與否，我們都得和家人相處一輩子。或許，這正是家庭心理學何以存在的原因。

根據某項調查，在西歐十歲以下的孩子，四名中就有一名受到創傷的折磨，兩名成人中就有一名因為創傷而過著痛苦的人生。受創經驗，不是運氣特別差或碰上例外狀況才會發生。

法國著名的神經精神科醫師鮑赫斯・西呂尼克（Boris Cyrulnik）曾說，「創傷烙印於受害者的記憶深處，彷彿如影隨形的幽靈般，成為那人的一部分。」促使創傷出現的事件也許是一次性的，但對於受害者而言，每天、甚至有時候是一天數十次，會一再湧現當時的情感。比起成人時期，童年時的創傷經驗對人生帶來的影響更為重大。鮑赫斯・西呂尼克就曾在其著作《幽靈的叨絮》中分析採取相反態度面對創傷的兩位人物。現在，我們就從心理學的角度，看看這兩位有趣的研究對象吧。

☺萬人迷內心的悲劇

諾瑪・簡・莫泰森（Norma Jeane Mortenson）是三十六歲便香消玉殞、風情萬種的美女。她在十六歲初次結婚，但不過四年便與丈夫離異，第二次結婚的對象至今仍是美國人心目中的「棒球英雄」——傳說中的打者喬・迪馬喬（Joseph Paul

DiMaggio）。與棒球英雄離異後遇見的第三位丈夫，是以《推銷員之死》聞名的亞瑟・米勒（Arthur Miller）。此外，天才科學家愛因斯坦也曾與她譜出戀曲，儘管兩人並未結成連理。現在應該發現了吧？她，就是瑪麗蓮夢露。在擔任寫真模特兒與電影演員時，身為天生尤物的她改名為瑪麗蓮夢露。隨著每部電影都成了賣座大片，她也晉升為好萊塢與百老匯最頂尖的明星。瑪麗蓮夢露是同時代男性心中永遠的女神和性感尤物，直至她逝世五十年後的現今，仍是清純與性感兼具的象徵。

然而她的人生卻悲劇地叫人訝異。未婚生子的夢露母親，因酒精成癮而無法正常養育子女，很早就將夢露託付給孤兒院。

根據最近我閱讀的動物學書籍，如果主人換了兩次以上，狗狗便無法再扮演寵物狗的角色，因為遭受拋棄的打擊，會導致牠有過度憂鬱或攻擊傾向。小狗尚且如此，更何況是人呢？夢露在兒時被親生母親拋棄，待過許多孤兒院與幾處寄養家庭，但她從未獲得誰的愛，在各個地方來來去去，甚至在九歲時被鄰家叔叔強暴。等她年紀稍長，身邊的男士則把她當成了性幻想對象。她從周圍的男士身上尋求溫暖的愛與呵護，但令人惋惜的是，身邊全是想玩弄、利用她的人。

儘管成長過程中運氣不佳，但以演員之姿大獲成功之後，美麗動人的她挾帶著明星光環，理當能成為她擺佈男人的最佳利器，然而夢露卻沒能如此。她試圖從男人身上尋求兒時未能獲得的愛，而那也成了作繭自縛的陷阱。

心理學家愛麗絲‧米勒（Alice Miller）曾說，童年時未能獲得父母關愛的人，會隨著年紀增長，更執著於填補那份愛。而夢露越是執著，受到的傷害也就越大。儘管緋聞不斷，身為全世界情人的夢露，最後則過度服用藥物，結束了坎坷多舛的一生。她奮力掙扎著，試圖逃離遭到拋棄的創傷經驗，最後卻受到更大的傷害。這位可憐的女人，難道就沒有擺脫創傷的方法嗎？為了避免陷入傷痛的泥淖，並活出健康自我的人生，她需要的是恢復因不幸遭遇而受損的自我形象。

「童年過得不幸，不意味著成年之後也必定如此！」

「儘管我對媽媽孤單的一生感到沉痛，父親的好逸惡勞令我怒火中燒，但我不一樣。我不會步上媽媽的後塵，過著與她相同的人生。」

為了恢復自我形象，夢露應當複誦這句咒語，努力激發出對自我的尊重。

☺克服傷痛的醜小鴨

不是所有經歷童年創傷的人，都會如夢露的人生一樣悲慘，童話作家安徒生便是相反的代表性人物。

安徒生出生於1805年，是一位賣春婦的兒子。成天酗酒的外婆，強迫自己的女兒到街上賺錢。要是女兒抗拒不去，就算是摑她巴掌也在所不惜。就在這過程中，她懷孕了。她從家裡逃了出來，後來遇見一位男子，兩人步入了婚姻。然而身為軍人的丈夫卻發瘋自殺，同時她也因酒精成癮而死。安徒生的童年充滿了中毒、暴力、性交易與貧困，讓人不禁想，是否還有比這更不幸的成長環境？然而，在如此惡劣的條件下，安徒生選擇了與夢露截然不同的人生。儘管他擁有不幸的家庭背景，卻在學習寫詩與文章的同時，接觸全新的文化而大開眼界。他與心所嚮往的事物交流，在創作的喜悅中學會如何面對過去的影子。

安徒生並沒有逃避過去的不幸。在他的文學作品中，存在著不幸與幸福兩個世界。倘若他只沉浸在悲慘童年中無法自拔，也許他那美麗的童話作品便無法流傳於世。

最能反映出安徒生不受過去所束縛，勇敢朝幸福振翅飛翔、絕不放棄的代表作品即是「醜小鴨」。受盡排擠與忽視的醜小鴨，也同樣擁有一個悲傷的童年。但安徒生並未試圖抹去不幸。他接受了不幸，不斷努力朝幸福奔去，最終才能創作出「醜小鴨變天鵝」的故事，而這也是安徒生的自傳故事。

帶著童年傷口的安徒生，做出了其他的選擇。他沒有在悲慘的童年停滯不前，也沒有想要抹去現實的痛苦記憶，而是帶著正面積極的視角，把它當成是通往幸福的旅程。正因為他用不同觀點來看待自身的創傷與不幸，才能創作出《賣火柴的少女》、《醜小鴨》、《乞丐王子》等既悲傷卻又溫暖、帶有深刻餘韻的童話名作。安徒生能為自己的不幸賦予正面意義，這便是一種觀點、價值觀的變化，也就是思維方式（paradigm）的變化，此也是治療創傷時所必需的。

☺大便年糕，治療創傷的智慧

「大便年糕」是一種韓國風俗，我們可以從中窺見，在科學與心理學不如今日發達的年代，韓國人的祖先如何以智慧來處理創傷。大便年糕指的是小孩子在上茅廁時，不小心掉入了茅坑時，父母便會急忙製作出來的一種年糕。過去，小孩子在茅坑如廁時，經常發生掉進茅坑而溺斃的事。小孩子掉進茅坑，該有多受驚嚇、多害怕？再加上惡臭、羞愧與不安混雜在一塊，於是孩子對於去茅廁便有了極大的恐懼。但又不能不去上廁所，所以每次腦海都會浮現掉進茅坑的不悅與可怕的記憶，創傷循環的過程就是這麼來的。

聰明的父母會考慮到小孩子的心情，並盡快用家裡現有的材料製作出大便年糕。他們會用年糕祭拜不潔的鬼魂，祈求鬼魂平息怒火，之後再將年糕分給鄰居。孩子則手持年糕，一邊繞著住家周圍走，一邊大喊「大便年糕、大便年糕」。意外領到零食的鄰居們會對孩子說一些好話，像是「你一定嚇壞了吧」，接著摸摸孩子的頭。孩子獲得鄰居們的關心和鼓勵之後，就會把它當成雞毛蒜皮小事，自然而然地克服掉進茅坑的經驗。

心理學所說的「正視」便是如此，既不是忽視自己的經驗，或者當成從來沒發生過，而是坦然地去面對它。而大便年糕則是用來治癒孩子掉進茅坑後不安、羞愧與恐懼的創傷治療機制，具有相當驚人的效果。

說到這邊，大家應該能夠明白，為何父母要急忙製作大便年糕？儘管不用特別的材料，或者做出特定形狀，都能撫平傷痕。意外發生後，祖先會趁孩子的創傷變得更嚴重之前，製作出大便年糕，讓孩子能從創傷中恢復。孩子受驚嚇的心則透過父母給的年糕得到安撫，隔天也就敢一個人再去上茅坑。

☺最重要的是正視問題

想要治療創傷，最好趁早去正視它，而其中的關鍵就在於家人給予的關懷與安撫。但即便是祖先，也不是所有家庭都會替孩子製作年糕，大概也只有重視子女的家庭才會延續這項傳統。

治療創傷時，需要像這樣的「大便年糕」。心靈一旦受創，我們便會自動啟動防衛機制，但它是用來逃避、隱藏傷口的，而非治癒傷口，因此無法成為治本的方法，反倒還會使它變本加厲。在防衛機制啟動之前，需要的是進行早期治療。同時，給予受害者溫暖關懷與支持，能夠為他在正視創傷的痛苦過程中帶來力量。

Part 2

選擇配偶的心理

理想的婚姻，是夫妻雙方均擁有高度自我分化能力，
既保有自我，又能共享親密情感。

——莫瑞．鮑文（Murray Bowen）

受到與我相似的人吸引

宛如命運般一見鍾情的戀人，在韓國古典文學中有李公子與成春香的邂逅，西洋文學則有家族互為世仇的羅密歐與茱麗葉，但大部分的人都需要經歷慢慢產生好感的過程。

參加露營或研討會時，夜晚經常會升起營火，讓大伙圍著營火玩通宵。到了黎明時分，火勢逐漸微弱，只剩下灰燼時，大家會把地瓜或馬鈴薯逐一放入。儘管心裡忍不住想著，在火勢熄滅的灰燼中，這些食物何時才會熟呢？但就在不知不覺中，地瓜已徹底熟透，正好可拿來填補盡興玩樂後空虛的肚子。像這種隨著時間增加的男女互動、愛情也逐漸成熟的類型更為常見。電影《當哈利遇上莎莉》裡頭就把這樣的過程刻劃得恰到好處，令人印象深刻。

剛踏出大學校門的哈利與莎莉，離開了故鄉芝加哥，在前往紐約的路上，兩人相遇了。這兩人的價值觀與習慣天差地遠，比方說，光就「男女之間可能有純友誼嗎？」這個主題，就能讓兩人唇槍舌劍，誰也不讓誰。兩人在紐約找到工作後，各自忙於生活，轉眼間過了五年。分別擔任政治顧問與記者的哈利與莎莉，因承受失戀的痛苦，在彼此安慰的過程中成了好友。一直保持朋友關係的兩人，有一天驀然察覺到對方的存在，於是向對方傾訴愛意。

即便過了二十多年，此電影仍擁有眾多影迷，原因就在於它將典型的男女關係描繪得入木三分。起初，只要見到對方便你一言我一語的哈利與莎莉，從某一刻開始，對彼此的好感大增，而許多現實中的情侶，也都經歷過這樣的過程。

有一對剛交往不久的男女朋友，在聊天時發現彼此的成長背景十分相似。了解過後，更發現兩人就讀的國、高中很接近，兩人的習慣也很相似。就在得知這件事的瞬間，兩人對彼此的好感度大增，心中也突然湧現「你怎麼現在才出現呢？」的感覺。

不過，從心理學的角度來看，這兩人之所以對彼此產生強烈好感，是因為在對方身上看見了自己，所以佛洛伊德才會說，「愛的本質是一種自戀情結」。

一般的愛情法則是這樣，當男女對彼此感到不陌生，或者能從對方身上發現熟悉的樣子時，自己便會感到自在並受到吸引。我們在選擇另一半時，不會只受到外貌的吸引。儘管我們會從那人的能力、外貌、性格、學歷、家庭背景、宗教等各種因素來判斷，但其實有比顯露於外的部分更重要的條件——我們會在潛意識中，強烈地受到重現兒時家庭樣貌的人吸引。

☺她之所以拋棄績優股的原因

某個整體條件很出色的男生，對一位女生產生了好感。這個男生是大企業的正式職員，擁有令20多歲的年輕人稱羨的工作。家境也不錯，最重要的是，他不僅相貌出眾，還是個不折不扣的暖男。周圍的朋友都跟女生說，白馬王子自己上門了，真羨慕妳啊！然而，身為當事人的女生，卻對男方釋放的善意懷有戒心，約會時一刻也無法放鬆。她總是提心吊膽，怕對方知道自己的缺點後會感到失望。女生的緊張與不安，男方自然也感受到了，他見到女生尷尬的態度、難以親近的樣子，認為對方對自己沒有好感、不信任他。最後，失望的他就漸行漸遠了。男方的離去，雖令女生感到遺憾，但另一方面她又鬆了一口氣。她知道對方是個好人，但兩人在一起時，她總是感到緊張，而且最重要的是，她感到很不自在。

不久後，這名女性遇見了另一名男子。這次是個外貌、性格、能力各方面都明顯不足的男人。朋友們知道這名男子展開了追求攻勢，紛紛勸她避而遠之。然而她的反應卻與先前大有不同。新男友是個對待女性十分粗魯、前途茫茫的人。但卻不知為何，她感到一點都不陌生。跟他在一起時，和先前交往過的男人完全不同，她絲毫不感到緊張。男人身上的熟悉感與安心感，讓她受到吸引，在不知不覺中，她走向了婚姻之路。

「他身上有著跟我們家男人相似的感覺。」

諮商時，我問她是什麼樣的安心感，她如此回答。她在父親有暴力行為與兄長酗酒的家庭下成長，而新男友之所以讓她感到安心，正是因為潛意識早已習慣了父親與兄長的模樣。

我們會受自己最為熟悉的人事物所吸引，也感到最自在。而天底下沒有比童年的家庭經驗更令人熟悉了。所以，選擇另一半時，我們也會在自己未察覺的狀態下，希望能透過對方來重現兒時家庭的樣貌，這就稱為歸鄉症候群（the going home syndrome）。

無論小時候的家庭經驗是正面或負面，我們都會選擇能重現與童年經驗相似的人。有許多年輕男女，嘴上說討厭令人煩悶、看不見未來的家鄉，毅然決然地跑到大城市，接著就職、結婚，久久才回到家鄉一次。然而諷刺的是，這些人再次回到家鄉後，再也不感到厭煩或鬱悶，而是彷彿回到了自己原來的地方般自在。也許童年時家庭並不和睦，或者家庭內有的只是暴力、漠不關心、衝突，但那個地方仍會引起與家鄉相似的情感。

因此，在父母漠不關心的情況下，孤單成長的這些人，很可能會不自覺地選擇對自己毫不關心，讓自己感到孤單的人做另一半。成長時受到家人指責、冷落的人亦是如此。我們便透過這過程，再度回到了兒時的家。

明明不是什麼好的記憶，為什麼要回到過去，讓痛苦的人生一再循環呢？這是因為潛意識想要解開兒時家庭的衝突枷鎖。

☺ 太太是我的黑騎士

我是在研究所過著住宿生活時遇見了太太。有一天，朋友告訴我，有一個很豪爽的女生說要見我。在朋友的牽線之下，我們糊里糊塗地見了第一次面，並在七個月後結婚了。每次只要提起，是太太先來接近我這個只知埋首苦讀，既不懂得社交，也不夠大方外向，外表又不怎麼有魅力的人時，大部分的人都會認為我是在開玩笑。這倒也是，因為就連我自己也感到滿神奇的。

婚後許久，我才問太太為何選擇了我。我以為會說，「認真念書的樣子很讓人激賞」，但太太的話卻出乎我意料之外。

「我看到有人走在校園的林蔭大道上，那背影看起來十分淒涼寂寞。為什麼有人會那樣有氣無力、低著頭走路呢？我突然產生了想要保護那個人的想法。」

聽了這番話後，我的心情迅速跌至谷底。那代表我看起來很可憐，但我卻無法反駁這事實。當時我非常孤單，掙扎著想要擺脫這狀態，但是心一著急，每次就越容易被心儀的對象甩，一再受傷。

遇見太太之後，我開始能平心靜氣的生活，也能好好為未來做準備。太太成了拯救孤單的我的黑騎士。但是，太太為什麼會選擇看起來那樣落魄寂寞的我呢？雖然都說女人有母性本能，但當時應有不少魅力十足的男學生。後來，我就在研讀心理學的過程中找到了原因。在太太的潛意識中，也同樣希望我能夠重現她的家庭關係。

後來才知道，岳母也一直擔任岳父的黑騎士。婚前，我曾幫他們搬家。當工人問岳父家具要放哪，岳父只會揮揮手回答：「我不知道，去問我太太。」彷彿要表現他的意志般，岳父每件事都不自己做決定，總是在經濟上或情緒上仰賴岳母。曾經擔任高中教師的岳父，說要實現自己的夢想，辭掉了教職工作，開始做起生意。然而不擅理財的岳父，光憑教導學生的知識，生意怎麼可能會順利呢？只要他一著手做什麼事，就會帶來損失或出現問題，這時岳母會出面，替丈夫去和銀行、業主交涉、收拾殘局。

太太之所以會選擇對未來充滿不安、樣子寒酸又毫無自信的我做為丈夫，原因就在於她發現了一個能重現兒時家庭環境的對象，也就是歸鄉症候群使然。太太遇見我之前，曾因為多次拒絕經濟上穩定、家境好，各方面條件都很不錯的男人，和父母起了爭執。太太拒絕優秀的結婚對象，最後選擇像我這樣的一名書生，令岳父、岳母很失望。身為家中長女的太太，自小便看著父親優柔寡斷，以及母親因此受苦的樣子長大。每當母親扮演黑騎士的角色，她就會感到沉痛，更對父親失望不已，但選擇自己的另一半時，最終還是心繫於能夠重現父母關係的人。

☺擺脫歸鄉症候群

在父母婚姻不幸之下長大的子女，很可能選擇與父母相似的婚姻。家庭諮商師鮑文曾說，不幸婚姻的傳承始於選擇錯誤的配偶。

那麼，難道沒有辦法擺脫欲重現童年不幸家庭關係的歸鄉症候群嗎？這時就需要和童年的家庭保持距離。第一步就在於勇敢正視當時經歷的情感。若拒絕績優股男人的女性希望能做出不令自己後悔的決定，就必須先用客觀眼光看待自己的家庭。同時，要好好評估自己的情感，了解自己在其中受到多少傷害、曾經有多痛苦。透過檢視自己與家庭的過程，便能從不安與緊張中稍微抽離，避免選擇錯誤的伴侶。

婚後，太太總會說被我騙了。婚前我分明看起來像是一個需要她保護的人，但婚後卻換個人似的。

「是喔？那妳希望我依舊過著等別人來保護我的可憐人生嗎？」

我開玩笑地如此回答時，太太便會笑著搖頭，她對於現在夫妻能夠自立自主的生活感到很滿足。

想要重現兒時家庭的潛意識，使太太選擇我做為她的另一半，但婚後，太太發現自己並不想要重現父母關係，並對此產生了認同的勇氣。如今太太已擺脫了歸鄉症候群。雖然我也因此失去了可靠的黑騎士，但透過了解彼此的優缺點，互相彌補不足，我們找到了真正能並肩同行的人生伴侶。

想避免受傷，結果卻遇上更大的創傷

有一位30多歲的女性，為了丈夫的外遇而苦惱不已。她的父親曾是外貌出眾的美男子。帥氣又多金，身邊自然也桃花不斷，當年甚至韓國八個地區都各有一名女人。這位女性看著總是形單影隻的母親，誠心誠意地準備好晚餐，等待深夜才歸來的丈夫，她下定決心：「我絕對不要變成那樣」。才十歲的孩子，想出來的方法便是選擇與父親完全相反的男人。於是她從十歲開始，祈禱了十七年，希望老天爺讓她遇見與父親截然不同、外貌不出色又毫無能力的男人。十七年後，祈求靈驗了。她所選擇的，是和過去祈禱內容完全相符的男人。當周圍的人反對時，她反倒更高興了，因為長久以來的願望終於實現了！

婚後兩人過了一段幸福時光。在她看來，丈夫是個只愛自己的人，而她似乎也過著與母親不同的人生。然而幸福只是短暫的，不久後，她發現丈夫有了外遇。既沒外表又沒能力還能外遇的事實，讓她啞口無言。

她的夢想，是和母親過上不同的人生，但如今她面臨著比母親更悲慘的處境。雖然父親有外遇，但母親至少擁有外貌能力兼具的丈夫，但她卻一項也沒有。曾經對她而言，最重要的是不會像父親一樣外遇、感情專一的男人，因此她降低了自己的眼光，步入了婚姻。這位女性，最終領悟到自己的期待落空，陷入了絕望的深淵。

☺難以談愛情的女性

努力想避免受傷，結果卻與期望背道而馳；即便竭盡了全力，自己的人生仍碰上了危機與傷害。面對這樣的情形時，當事人可能會感到很驚慌失措，但在諮商時經常能接觸到這種個案。

精神分析之父佛洛伊德是首次注意到「童年不幸的孩子，長大後也會成為不幸的成人」的人，他發現人類會不自覺地重複童年的模式。「為何我們會一再重複自找罪受的行為、不幸的人際關係、痛苦的家庭關係呢？」佛洛伊德對此提出疑問，並進行了研究。重複童年的痛苦經驗成了佛洛伊德精神分析的核心之一，而他也將此傾向稱為「強迫性重複」。佛洛依德認為，人類有做出自我破壞行為的強迫症，而且有強迫性重覆的人，會在潛意識中重複童年的經驗。

這是經統計所證實的事實。根據美國的一項調查結果，酗酒者的子女比一般人成為酗酒者的機率高出四倍。另有研究結果指出，父母中若有一人為酗酒者，子女酗酒的可能性為百分之七十以上。也有人推測，酗酒問題是遺傳所引起的。然而，從「酗酒者領養的孩子，後來酗酒的機率非常高」的研究調查結果看來，此問題顯然不能只歸咎於遺傳。

家庭暴力同樣也會代代相傳。在暴力家庭中成長的子女，後來成為施暴者，或者與有暴力行為者組成家庭的例子也時有所聞。横掃第七屆亞太影展、2009年鹿特丹國際影展、多維爾亞洲電影節等各大國際電影節大獎，引起獨立電影熱潮的《窒息暴戾》（又名綠頭蒼蠅），正是刻劃家庭暴力會代代相傳的電影。主角相動的父親平時會對妻子與兒子施暴，看著父親暴力行為長大的相動，變成了小混混，把拳打腳踢當成家常便飯。面對服刑多年出獄後的父親，他也同樣毫不留情。這部電影宣傳時的挑釁式文案

「這個世界雖甜如蜜，但血緣卻該死得令人沉痛」，其中便蘊含了家庭心理學相當重要的主題。

被暴力行為過度控制與壓迫的子女，在面對他人的控制時，會變得虛弱無力。受到近親侵害的女性，會喪失與男性變親密的能力，長大成人之後，會演變成擁有複雜的性關係，或過度迴避性關係的兩種極端狀況。童年的創傷有如飛蛾撲火般，引領人生走向毀滅。

那麼，為什麼我們要重複不幸的經驗呢？今日的心理學找到了原因——其實，該行為亦是努力克服不幸的一部分。

有一位女性前來諮商，她說數年前上過我的課。她外貌端莊、身材瘦削，顯然是一般男人都會喜歡的類型，可是在漂亮的臉蛋上，卻有著十分陰鬱的表情。這位女性委屈地傾訴，每次遇見心儀的男性，越是喜歡對方，最後就越會因為不明原因與對方分手。她說起了自己童年的故事。

在兄弟姊妹之中，只有她被送到鄉下奶奶家，一個人孤獨地長大。雖然是兒時的經驗，對她卻是永遠無法抹去的創傷。在她的心靈深處，總是被「只要是自己深愛的人，遲早都會離開自己」以及「要是被拋棄該怎麼辦？」的焦慮感所包圍。當對方稍微生氣或態度不友善，就會感到惶惶不安。但是，越是糾纏自己深愛的人，對方越容易感到厭倦，最後就會離開她。

不過，也有相反的狀況。受她的外貌吸引而接近的男性也不在少數。心儀的男性努力示好，但她卻無法敞開心扉，總是對男方太過嚴格，最後把對方給趕跑了。

我們的心就如同鐘擺般，當它過度遠離保持平衡的中心點，就會產生反方向的作用力。為了避免再度經歷小時候父母對自己造成的創傷，因而做出的防禦行為，反倒成了這位女性的絆腳石，使她更為痛苦。

自我破壞性的行為不見得是自暴自棄或自虐。不由自主地將不安和孤單強加到自己身上，而非擁抱自己的舉動，也是一種自我破壞。

人際關係問題、配偶選擇障礙、長期的夫妻衝突、家暴、成癮、虐待兒童、長期貧困等生活不幸的人都有一個共同點，那就是無法擺脫童年創傷。我們會透過兒時的家庭關係來描繪關於世界模樣，這幅圖畫會引導我們走向世界，並對無數人際關係形成極為重要的期望值。所以，無法獲得家人的愛、受到冷落、遭到遺棄的孩子，也會對這世界抱持相同想法。對世界的期待感低的孩子，很容易扭曲現實，無法看見現實本身的模樣。越是以否定的態度去看待現實，不幸的模式重複的可能性就越高。最後，不幸成了孩子身上的一部分，一生都受其操縱，宛如身上綁著許多線的傀儡木偶。

經歷傷痛的人，
會努力避開聯想到創傷的導火線。
他們會不斷否認創傷，或想試圖挽回，
結果卻使不幸一再循環。
只要正視童年的創傷，
就會發現裡頭有個受傷的內在小孩。
去正視自己的感受與憤怒吧。
去察覺自我的內心有何種情感與欲求，然後去認同它吧。

☺用書寫與內在小孩對話

童年受傷的靈魂，要如何化解循環不幸的人生困境呢？不幸的重複性是潛意識長期維持的行為模式，它烙印於我們的內心，如同上癮般難以改變。而化解的出發點，就在於鼓起勇氣去正視不幸的模式，也就是去正視童年的創傷，好好地研究自己體內受傷的內在小孩，並對自己產生認同。

德國心理學家馬茲（Hans-Joachim Maaz）曾說，有童年創傷的人有時會碰上無能又不老實的另一半。前面所提到的女性，遇見外貌好看、具有男性魅力、經濟能力又好的異性時，傷口便會惡化。大部分的女性都會對這種男人有好感，認為是很不錯的對象，但對這名女性來說，卻是讓童年創傷惡化的導火線。正如同俗語所說的，「一朝被蛇咬，十年怕草繩」，它碰觸到過去的傷口，並使痛苦再次出現。經歷傷痛的人，會努力避開使自己回想起創傷的導火線，所以對這名女性來說，條件不錯的男人便成了優先迴避的對象。可是，一直逃避下去也不是辦法。最後，為了明白草繩終究只是草繩，而不是蛇的事實，便只能去正視它，也唯有如此，才有可能治癒創傷與不幸。

我們體內有著長久承受痛苦、在過去受創的內在小孩。透過童年的探索過程，和小時候的自己連上線，並試著和內在小孩對話吧。內在小孩是受到過去創傷壓迫，使自己反覆痛苦行為的自我。為了讓受傷的內在小孩擺脫不幸的循環，就必須和它對話。

和內在小孩說話，是在察覺內心有何種情感與欲求的同時，去認同自我情感的一種行為。寫文章是與內在小孩有效對話的方法。如果只用頭腦去思考，內在小孩與我之間可能無法徹底分化，但用文章做整理的話，兩個主體的差異性便會一目了然。由成為大人的我提問，再由過去受傷的孩子來回答，又或者內在小孩提出自己所欠缺的東西，再由身為大人的自我來回答。藉由此過程，大人能為小孩帶來安慰，也能去認同那些未解決的欲求與情感。

我們無法回到過去，也無法挽回童年的傷痛。為了避免企圖解決過去的不幸時徒勞無功，導致目前的人生陷入不幸之中，在想要否認或極力挽回之前，首要之務便是透過與內在小孩對話來包容受傷的自己，肯定自己原來的樣子。擺脫在原地打轉的困境，就從這裡開始。

我可不是你媽

「老公，我是你老婆耶，可不是你姊或你媽。」

夫妻倆吵到最後，盛姬終於說出了長久以來埋在心中的話語。林盛姬比丈夫年長三歲，兩人結婚已經五年。「能跟小鮮肉生活真好」儘管身邊的人帶著半是好奇、半是羨慕的口吻如此說道，盛姬的心中卻一點也不平靜。丈夫是四姊弟中的老么，上頭有三位姐姐。身為家中珍貴的獨子，自小便在母親與姐姐們的保護和讓步下成長，至今也依然受到母親和姐姐們的疼惜。

兩人是在大學聯誼認識的。因為女方較為年長，所以原本預期會受到丈夫家裡的反對，但出乎意料地，婆家並不怎麼介意。但是和丈夫一起生活的盛姬，從某一刻開始，領悟到自己不過是丈夫的姐姐或媽媽，其他什麼都不是。她認為只專注於自己的工作及喜好，從未為了妻兒付出時間的丈夫很冷漠無情。另一方面，丈夫則希望太太能夠凡事體諒自己，主動準備好他所期望的一切，而他討厭的，也能識相地替他解決。過去，盛熙盡可能地滿足了丈夫的需求，然而，結婚了五年，丈夫仍絲毫沒有想改變的跡象。面對丈夫總是像個弟弟，時而又像個兒子般只會倚賴自己的樣子，盛熙逐漸感到厭倦。

「我也是個需要丈夫保護和疼愛的女人，究竟我得單方面地照顧丈夫到什麼時候？」盛姬垂頭喪氣地訴苦。

丈夫之所以選擇她，在於潛意識想重現打從童年開始就熟悉不過的姊弟關係。總是受到保護與照料的丈夫，期望另一半也能持續這樣的關係。不管女方條件再好，只要她要求獲得丈夫熱烈的愛，需要有人照顧的話，這位丈夫恐怕只會打退堂鼓。基於這種心理，當男方遇見溫暖包容、理解、照顧自己的女性，也就是比自己年長的女性時，受到吸引的機率就很高。

有一對結縭三年的夫妻，表面上看來沒有任何問題。他們就是那種在工作上認識、戀愛、進而結婚的平凡夫妻。然而，揭開來看，才知道他們有著難以向外人道的苦衷。婚後，丈夫從未和太太享受魚水之歡。毫不知情的公婆，擔心兩人結婚三年仍沒有孩子，特地熬了有助於懷孕的韓醫湯藥，太太卻始終無法對婆婆說出實情。儘管她幾度嘗試和丈夫有性行為，但丈夫每次都找盡各種理由避開。直到最近，大概是很難再找到藉口，丈夫乾脆選擇晚歸早出，避免與太太同寢。在婚前，兩人雖沒有發生關係，但丈夫會有自然的身體接觸與示愛表現，看到婚後的丈夫拒絕性行為，甚至避免有任何身體接觸的樣子，太太逐漸感到心灰意冷。

對夫妻來說，性不只是孕育下一代的手段。性生活還扮演著表現親密感、想要分享濃情蜜意的重要角色。這不單是為了滿足性方面的需求，更是分享彼此有多重要的過程。經歷長期失和的夫妻，特徵就在於夫妻間沒有性生活。曾有一位太太說了這句話，「我們夫妻倆就像約翰與瑪麗亞」。累了、沒心情、沒有興致的說詞，使夫妻逐漸失去性生活的情況，其實正反映了夫妻所面臨的危機。

丈夫為何要避開與太太同寢呢？進行夫妻諮商，了解丈夫的童年後，我慢慢地猜到了原因。丈夫俊基自小在獨裁又有暴力傾向的父親底下長大。在暴力成為家常便飯的環境中，俊基與母親的關係變得格外親密。對兒子來說，母親是超乎母親身分的人，是朋友也是愛人。儘管他是因為與太太相愛而結合，但潛意識中他仍無法把太太與母親的關係分離開來。母親是超乎朋友、愛人以上的存在，但兩人不可能同寢，於是他的性需求呈現了過度壓抑的狀態。在婚前，對扮演愛人角色的母親所擁有的性慾求無法被允許，加上他沒辦法自我認同，最後受到禁錮的性需求，形成了一種羞恥心。當他對太太有性需求時，就會感到羞愧，內在的衝突也導致他自然而然地壓抑性需求。這位丈夫便是在夫妻關係上重現了過去與母親的關係，他不僅與母親過度親密，也無法拿捏好父母與子女間的界線。

☺重度依賴彼此的關係

如同俊基與母親，無法擁有主體獨立性，彼此過分依賴的關係，家庭諮商師鮑文（Murray Bowen）稱之為「共生關係」，而我們又會把共生關係中的兒子喚作「媽寶」。通常媽寶無法建立起健康的男性自我認同，因為母親將兒子捧在手掌心呵護的行為，會傳達出希望他一直是兒子身分，而不是成長為一個男人。兒子表面上看似自信滿滿，內心卻很不安、不知所措。媽寶的進階版是「媽朋兒」（媽媽某位朋友的兒子），最近這個詞都是用在好的方面。也許從外表來看是如此，但做為一個鑽研心理學的人，看到被冠上此稱號的人後，便能感覺到他們身上的不安。凡事有人打點一切，在母親或父母的期待和絕對性的影響下成長的這些人，表面上看似有著比他人更亮麗的資歷，然而往後是否在家庭與社會上依舊是人生勝利組，那就有待觀察了。剛開始獨立、年輕時的優越條件，不能保障中年或長年的成功。再加上如果這些萬事俱備的條件，不是靠這些人的意志、努力追求所得來的，而是當個模範生、迎合父母期待下的產物，那就更令人擔憂了。

媽寶在情感上與母親保持著依附關係，與父親卻是過度分離。看到比自己和太太更為親暱的兒子，父親感到有些吃味，他不喜歡兒子總是拉著媽媽裙角不放，結果父子關係變得生疏，兩人也漸行疏遠。兒子無法找到和父親建立正面關係的機會，有時也會埋怨或討厭父親。在彼此疏遠的同時，也失去了應該向父親學習的東西。具有獨斷、暴力性格，使太太活在不幸之中的男人，大部分是與父親關係不和睦、與母親形成共生關係的兒子。

☺媽寶男與爸寶女

告別剩女生涯，如今結婚兩年的智英，最近感到婚姻生活大不易。她自小便和父親關係親密，由於父親特別疼愛自己，不只姐姐嫉妒，就連媽媽也會吃醋。

「擁有非常疼愛自己的父親就夠了，所以對其他男性沒什麼興趣。」

父親也隱約希望女兒能一直留在自己身邊。原先沒什麼結婚念頭的智英，後來遇見了身為同事的丈夫，兩人也結婚了。實際與丈夫生活後，發現要配合彼此長久以來的生活習慣太困難了，對於自己要照顧丈夫這件事也感到很不自在。慢慢地，她越來越討厭看到丈夫，甚至會避免丈夫的手碰觸自己的身體。

維繫婚姻的夫婦，必須經歷彼此互相讓步、妥協、配合對方的過程，但這並不容易。晚婚的智英，無法在情緒上將長久以來維持共生關係的父親分離開來。她是情緒上過度依附父親的女兒，也就是「爸寶」。

從父親的角度來看，女兒是另一半的替代品；對女兒而言，父親則是男人的替代品。只要是女兒要求的，父親都會去滿足她。長久下來，女兒對父親的依賴度變高了，對於愛自己勝過其他兄弟姊妹、甚或媽媽的爸爸也更加執著。同樣地，當女兒不遵從自己意思，特別是有了男人之後，父親便會大為光火並感到忌妒。每當女兒想脫離父親獨立生活，就會產生罪惡感。由於受到父親的無限寵愛，使她在與男人交往，或成為某人伴侶的過程中也會感到無比煎熬，因為她總是會想從男人身上尋求無限的愛，並暗自把父親與丈夫拿來比較。比較之下，誰勝誰負很明顯。父親奉獻全部，給了女兒無條件的愛，但任何一個丈夫都不可能辦得到。在這種情況下，離開父親的女兒便對自己產生了罪惡感，對丈夫卻有過多不必要的失望。

☺獨立才能擁有幸福婚姻

母親與兒子、父親與女兒過度依賴的關係，會導致子女難以獨立，無法與父母切割開來。鮑文認為建立健康幸福的家庭有個必要條件，就是結婚的兩位男女必須在情緒上脫離父母。唯有與父母維持穩定的聯繫關係，同時又能獨立的兩位男女，才可能擁有幸福的婚姻。

那麼如何才能讓子女從父母手中獨立呢？

當父母願意放手時便有可能。與父母分離、讓子女獨立的鑰匙掌握在父母手中。倘若父母想藉由子女來消除婚姻的孤單、空虛、失望，那麼子女便無法作為子女存在，而是扮演著父母的配偶或代理人的角色。在這樣的親子關係中，父母心理上絕對無法允許子女離開自己。

相反地，願意讓子女健康分離與獨立的父母，則擁有健康的夫妻關係。這些人不會將子女當成代理配偶，同時願意坦然接受子女的獨立。子女的分離與獨立，需要仰賴父母尊重並理解子女全面的生活方式，其中包括了住處、職業、財務狀況、異性與朋友問題等。

無法在情緒上與父母分離獨立的媽寶和爸寶，很容易在婚姻上觸礁。若想脫離困境，就必須接受自己如今不再只需要扮演兒子、女兒的角色，還得扮演丈夫、太太以及爸媽的角色。內在則必須說服那個拒絕成為夫妻與父母、只希望得到他人的愛、不需負任何責任，並且想停留在孩子狀態的自己。

俊基與智英擺脫婚姻危機的路就在於這裡，還有兩人必須下定決心。「如今我再也不是小孩子了，我是你的太太（丈夫），我選擇你成為我的另一半，如今我要為這個選擇負起責任。」

Part 3

互相傷害的家人

打從出生起，我們便擁有善良、強悍、聰明的特質，
只是因為兒時的教養方式，
或是父母所傳達的扭曲訊息，
我們才喪失了那些能力。

——貝芙莉・英格爾（Beverly Engel）

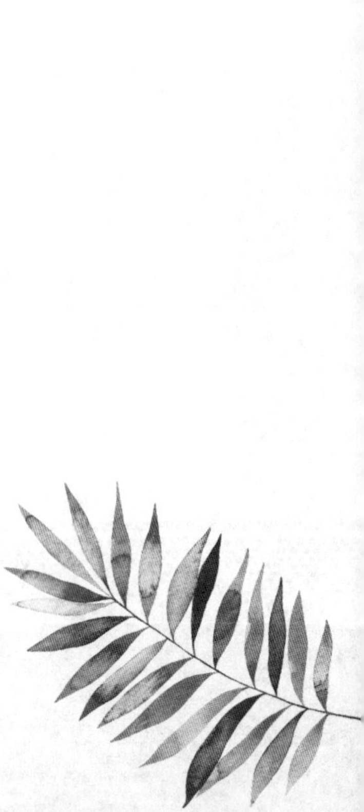

家庭是一個系統

2002年夏天，從歐洲留學回來後不久，我去了附近的眼科。我原本就有乾眼症，又因為環境突然改變，症狀變得更加嚴重。可是剛好正在舉辦世界盃，韓國流行起出血性結膜炎，等待室擠滿了眼科患者。我到眼科之後，因為擔心被傳染，便小心翼翼地向櫃檯的護士問道：「我不是因為出血性結膜炎而來，所以麻煩您使用跟眼科患者不同的機器幫我檢查。」

因為我很了解我的症狀，所以才提出請求。但可能是惹到了護士，她用冰冷的口氣狠狠地說：「大叔，你把我們診所當成什麼了？要走請便，要診療的話，就坐在那等著！」

很習慣德國的醫院總是親切回答患者提問與要求的我，一下子感到很難受，覺得非常丟臉。

平心而論，德國並不是親切待客的國家。要是期待德國能有韓國百貨公司人員的服務，最後一定會大吃一驚。不過，醫院卻是個例外。在德國，醫院可說是待人最為親切的地方了。大部分的醫院人員態度親切，還會站在患者立場上給予幫助。即便外國患者結結巴巴地說出不流利的德語，他們仍會耐心傾聽，帶著誠心誠意幫忙治療。

我按捺住性子，坐了下來。「那位護士大概是經歷許多創傷的人吧，她需要諮商。」我心想著，努力壓抑住怒氣。因為患者眾多，輪到我的時候，已經過了兩個小時。我趁這段時間觀察了一下，發現診所的等待室實在是太忙碌了。首先，讓等待的患者觀看的大型電視音量過大。因為患者很多，自然聽不見電視聲。有人嫌聲音太小，所以將電視音量調大，結果患者又用更高的音量交談。再加上眼疾原本就是很容易集體感染的病症，醫院裡的孩童患者特別多。即便護士多次提醒，他們仍我行我素地到處走動。那是個任誰都無法認真工作的環境。長時間在這種環境下工作，失去耐性、性格變得敏感也是自然不過的事。稍早前還數落護士態度不佳，需要去接受諮商的我，突然暗自感到抱歉。

護士態度不佳的問題，可從個人性格來著眼，但也可以從醫院工作環境壓力大的角度來解決問題。在心理學上，這樣的視角就稱為系統觀點。

☺看見家庭的完整面貌，就能看見問題

系統觀點認為，問題的原因不在於個人，而在於個人身處的環境，它可說是考慮到各種因素的全面性視角。即便看待家庭問題時，也會將視角從個人擴張到整個家庭來看，並且認為，與其將家庭問題與衝突歸咎於某一成員，不如說是圍繞著他的家庭環境所致。

系統觀點將家庭視為一個系統（system），而且家庭成員會互相影響。人不是孤立的動物，而是社會的一個組成分子，會與他人持續不斷地互動。也就是說，所有人都是被環境所包圍的，同時也是環境的一部分。而家庭便是最基本的社會單位。

這種家庭系統就像一個床邊的音樂鈴。大家試著想一下掛在嬰兒床頭、由形形色色的小玩具所組成的音樂鈴，然後用一根手指戳一下能讓嬰兒停止哭泣的小玩具。明明只是碰了一個小零件，但整個音樂鈴都會跟著搖晃。

讓我們用系統觀點來觀察金代理的家庭吧，如此就能得知，音樂鈴的小玩具如何對彼此產生反應並影響到整體。

那一天，金代理回家時的腳步格外沉重，因為他在公司被直屬上司狠狠罵了一頓。平時金代理會以宏亮的聲音喊著：「老婆，我回來了」，但那天他只帶著陰沉憂鬱的表情，無聲無息地進了家門。看見丈夫的那一刻，太太心想「發生什麼事了」，有些放心不下。準備好晚餐後，太太試著在吃飯時講各種話題來轉換氣氛，但丈夫仍面色凝重地默默吃飯。原本打算去洗碗的太太終於爆發了。

「老公，你到底怎麼了？發生了什麼事？跟我說個話啊！」

聽見太太的話後，丈夫同樣升起一股怒氣。

「哪有什麼事？還有，不就是吃飯時沒說話，何必發神經？我不能安靜吃個飯嗎？」

面對回嘴的丈夫，太太也大為光火。兩人唇槍舌戰好一陣子，最後在彼此都未消氣的狀態下結束爭吵。察覺到氣氛變凝重的老大，悄悄地回到自己房間；老二卻渾然不覺，繼續看著電視。看在方才結束爭吵的太太眼中，老二的樣子格外討人厭。

「你功課都做完了嗎？」

老二沒好氣地回答媽媽：

「看完這個就去做。」

聽到回答之後，媽媽變得更神經質了。

「功課也不做，到底在做什麼！你為什麼每次都這樣？」

老二覺得自己平白無故被牽連，生氣地回到自己房間。當小狗波比跟過來時，他便用腳踢無辜的小狗，一邊喊著：「吼，走開啦！」

受到外在刺激的人雖是金代理，但對整個家庭都造成了影響，太太、子女、就連小狗波比都受到了外在壓力的波及。家庭系統是一個有機體，彼此會不斷互相作用，因此家庭出現危機與衝突時，不會只在某個家庭成員身上找到問題。因為問題日趨嚴重，最後求助於諮商的人們，他們的共同點之一，就是把家庭問題歸咎在某個人身上。

「我爸就是個問題，只要我爸改變就行了。」

然而，諮商持續進行下去，就會知道另外還有一個總是附和爸爸的話、持續造成衝突的家人。

☺夫妻之間應如何化解危機？

小學時很乖巧的英勳，在上國一後，突然變得不愛念書，成績直直落。雪上加霜的是，他結交了壞朋友，到處為非作歹。英勳的父母不懂孩子為何性情大變，帶著孩子來到諮商室。除了對兒子的擔憂之外，兩夫妻沒有意見相左之處，想法上很合拍。

可是，我讓父母暫時到外頭，和英勳面對面聊天之後，外表上無法觀察到的問題才一一浮現。英勳開始有偏差行為的時機點，是在父母面臨婚姻危機時。因為丈夫而傷心不已的妻子，想讓對方知道自己有多生氣，於是將離婚文件放在化妝台上。可是，看到文件後打擊到的不是丈夫，而是偶然跑到爸媽房間的兒子。「關係惡化的爸媽，終究走到這一步啊！」帶著此種想法的英勳，受到了極大的打擊。

從那天之後，英勳對唸書失去興趣，開始出現偏差行為。令人吃驚的是，就在孩子變成問題兒童之後，原本爭吵不斷的夫妻，開始會一起討論兒子的事。為了解決孩子的問題，彼此對話、往返學校和諮商室的夫婦，迎來了久違的和平，離婚危機也自然平息了。可是，來到諮商室的父母卻說：「我們家就只有兒子是個問題，真不曉得之前乖巧善良的孩子為什麼變成這樣。」

為了徹底了解並改變英動，就不能只看到他身上的問題。「為什麼那樣做呢？你應該好好念書啊」，不管再怎麼責備或告誡也沒有用，因為年幼的孩子最擔心的仍是父母會不會離婚。假設沒有考慮到孩子的偏差行為是源自於不安，便無法了解他何以產生變化。孩子會自責，認為父母離婚或衝突是因自己而起，甚至在自己身上烙印下「沒用、愚蠢、懶惰」等記號，並刻意做出偏差行為。因此，家庭內發生衝突時，最應該先保護的就是孩子。問題發生後，與其一味指責孩子、想改變孩子，更應該從系統觀點去尋找原因，了解孩子的變化是從哪裡開始的。

想改變英動，最重要的是夫妻關係必須先產生變化。父母也要改變看待英動的觀點，認知到「被視為問題兒童的兒子，其實是家庭的代罪羔羊」。就在父母了解英動何以性情大變的原因後，也開始去認同孩子的心情。慢慢地，夫妻關係有了變化，發生衝突的狀況減少，英動也再度恢復原來的樣子，整個家庭系統都產生了變化。

懸掛在嬰兒床頭的音樂鈴。

試著用一根手指頭，去碰觸其中一個小玩具吧，明明只是碰了一個零件，但整個音樂鈴都會跟著搖晃。
家庭就像音樂鈴一樣，會持續地相互影響。
因此，家庭的問題與衝突，
不只是某個人的錯，
也可能是源自於整體關係。

☺改變家庭體質，變化隨之而來

2002年韓日世界盃，韓國足球打進四強時，我正好在德國。韓國的驍勇善戰在德國也成為很大的話題，廣播節目中分析韓國足球的運動記者非常令人印象深刻。根據記者的分析，韓國成功的原因在於希丁克的領導，因為他改變了韓國足球隊根深蒂固的系統。希丁克選擇不仰賴部分明星級的選手，也改善了過去講求學緣、地緣背景所造成的問題，組成一支以實力為中心的足球隊伍。

朴智星是受希丁克拔擢的代表性選手，若按過去的慣例，很難有機會獲選為國家代表。先前代表隊的主力均為延世大學、高麗大學出身的選手，但朴智星卻是明知大學出身，再加上朴智星上大學之前並不是格外突出的選手。在面臨水原工業高中足球隊已全員取得入學通知的危機下，幸好教練李斗哲看出了他的資質，向尚未結束選拔的明知大學足球隊教練金熙泰提出請求，朴智星才得以進入大學。希丁克打破了韓國足球代表隊長久以來的慣例，重新編制為以實力為重的隊伍。韓國之所以能在世界盃打進四強，便是始於系統上的改變。

家庭的變化亦是如此。改變家庭環境並改善家庭體質，而不是將問題轉嫁於某成員身上，家庭才可能產生變化。改善體質的關鍵，在於改變維持已久的關係與溝通方式。正如同韓國足球隊打進世界盃四強的神話般，正視問題的家庭也會產生巨大的變化，就像希丁克施展的魔法一樣。

面對真相的時刻

我在德國學習諮商過程時，同事中有一位非常有禮貌的女學生伊莎貝爾。伊莎貝爾是一位總是面帶和善微笑、有著美麗金髮的小姐。每當我想要趁休息時間去喝杯咖啡，不知道她怎麼發現的，善良的她總會拿著裝有咖啡的保溫瓶過來，幫我倒入杯子裡。伊莎貝爾自然不只對我親切，只要有遭受冷落或孤單一人的同事，她便會主動和對方聊天。多虧了伊莎貝爾，我們系上的氣氛總是很和樂融融。

儘管伊莎貝爾總是帶著開朗的笑容，但我偶爾會從她身上感受到不明的悲傷。同事們聚在一起進行團體諮商時，我向伊莎貝爾吐露出我的感覺。聽到我的話之後，伊莎貝爾瞬間露出慌張的神色。陷入短暫沉思後，她小心翼翼地開了口。

伊莎貝爾的親生奶奶，是第二次世界大戰時納粹黨員。德國走向敗亡之際，有一天奶奶聽到了希特勒逝世的消息。自己效忠的希特勒過世，帝國即將滅亡，灰心喪志的奶奶奶於是將孩子們召集起來。手持著手槍的奶奶，環顧四週，開始依序射殺子女。當時年紀還小的子女，絲毫不敢反抗母親。終於，輪到伊莎貝爾的父親了。他朝著瞄準自己的母親大喊：「媽，我不想死」，接著跑向了外頭。不久後，他回到家裡，看到五個兄弟都被射殺，母親也舉槍自殺了。這個具衝擊性的事實，伊莎貝爾並不是從父親口中親耳聽到的，而是不久前偶然從遠親那兒聽說的。

「父親從未對我提起過去的事。你知道我們家的家訓是什麼嗎？『微笑吧，要幸福！』」

父親總是笑口常開、性格爽朗，只是伊莎貝爾也會不經意地從父親的臉上看到稍縱即逝的悲傷，伊莎貝爾幽幽地望著我，繼續說道：「可是你卻發現了我從父親身上所感受到的那種憐憫，真叫人吃驚！多虧了你，讓我了解到自己尚未察覺的某個重要部分。」

大部分的人都會全力去維持家庭的穩定與平衡。除了努力之外，他們也認為自己的人生是穩定的。然而很多時候，這種想法只是錯覺。表面風平浪靜，底下卻充滿不安與緊張的家庭關係並不在少數。當家庭內有某件事存在，也能感受到其中的不安與緊張，但又無法輕易表現出來時，心理學就稱之為「家族祕密（family secret）」。

☺ 喚起羞恥心與自責感的家庭祕密

法國的精神分析學者提賽宏（Serge Tisseron）是研究家族祕密領域的世界級權威。提賽宏曾說，「家族祕密會延續數個世代，比起祕密發生的世代，這個傳承的祕密可能會造成更大的問題」。現在，我們就跟著提賽宏的分析，來看看家族祕密如何透過世代來傳承吧。

越是想刻意隱瞞帶來痛苦的事件或祕密，就越容易與意圖背道而馳，對下一代造成影響。存在於先前世代的家族祕密，並不會如實地傳承下去。保有痛苦祕密的第一個世代，會同時帶著想守住祕密，以及透過傾訴來獲得解放的矛盾心理。經歷衝突的當事人雖然極力否認，但卻會不自覺地洩漏出祕密的一部分，他們的子女也會因此產生某種直覺，只是他們很難獲知祕密的全貌，也沒有勇氣帶著輕鬆的口吻去詢問。也就是說，倘若第一代認為祕密是個「無法用言語來表現的東西」，那麼對於第二代而言，它就成了「不知名的東西」。祕密的內容為人們所遺忘，只剩下祕密的存在本身被察覺到，以及永無止盡的疑問。根據提賽宏的觀察結果，儘管當事人企圖隱藏那個事實，但正因為這個隱藏的行為，為子女帶來了同樣的不安感。

家族祕密與時代的傷痛密切相關。韓民族的現代史，充滿了其他國家無法比擬的坎坷。含淚忍辱的殖民統治、同族相殘的6・25戰爭、因分裂與反共意識造成的反目成仇與衝突，使得許多家庭有了不可說的「家族祕密」。我在進行家庭諮商時，經常能遇到受家族祕密之苦的人。

有家族祕密的家庭不可能是健全的。子女雖對家族祕密有著模糊的概念，但家裡卻保持緘默，否認祕密的存在或佯裝不知情，這就等於是強制麻痺情感。罹患漢生病（俗稱痲瘋病）後，神經受到損害，痛覺會麻痺，即便截斷手指也感覺不到任何疼痛。同樣的，家族祕密會引起懷疑、不安、憤怒、悲傷、無力等各種負面情緒，但因為無法表現出來，最後導致孩子罹患情緒上的漢生病。他們被迫去否定混亂又無法承受的情感，情緒感覺也隨之麻痺。然而，這並不代表事實被遺忘了，它們會在家族內以羞恥心與自責感的姿態繼續存在。

看見晚上喝得酩酊大醉回來，睡倒在玄關的爸爸，孩子向媽媽問道。

「爸爸為什麼睡在這裡呢？」

「爸爸是嚴重的酒精中毒者」，媽媽無法將這個事實告訴孩子。

「爸爸是因為太累了才會這樣。」

聽這種話長大的孩子，會學習到要按照父母要求的方式去思考、感受。扭曲現實的行為是一種理智上的虐待，擁有此種經驗的孩子，長大成人後，很容易對自己下的所有決定感到不安。因為想法和情感總是受到否定，所以無法對自己的想法產生信心。在社會上輕易遭受詐騙、邪教控制、迷信的類型中，就有許多這樣的人。

☺承認祕密的瞬間，就能解開線頭

漢娜是我讀博士時很親近的一位德國同事。我在聽到她說起童年的故事後大吃了一驚。她的父親是個法官，白天雖是位莊重嚴肅的法官，到了夜晚卻搖身變成禽獸。每天晚上，當父親從一樓客廳踩著樓梯上來，她感覺自己的呼吸就快停止了。如果父親走進隔壁妹妹的房間，那就等於逃過一劫；如果很不幸地，父親進了自己房間，她就得度過漫長而可怕的夜晚——她的父親，把兩個女兒當成了性侵的對象。

然而她真正無法饒恕的，其實是母親。母親將一切看在眼底，卻任由兩個姊妹遭父親染指。性侵女兒的父親，因心生愧疚，白天時非常疼愛兩姊妹；但母親總對女兒冷眼相待、漠不關心。兩個女兒也無法和母親討論每晚會發生的可怕事件，這個家庭問題，對她和妹妹留下了深刻的創傷。

經歷童年的嚴重創傷後，幸好漢娜仍保有吐露傷痛的勇氣。完成博士學位，我們各奔前程後，我仍經常與她通電話，詢問彼此近況。回到韓國不久，她寄了禮物給我，裡頭裝了一小片磚塊和一封信。

「這片磚塊是我在柏林圍牆倒下那天，親自拿著錘子到現場敲下來的。曾經溫柔安慰我的朋友竟然離開了德國，真令我難過。韓國也如同德國，帶著分裂的傷痛吧？依你溫暖的性格，大概回國之後，也會擁抱著國家曾經經歷的傷痛活下去吧？這片磚塊是象徵我們友誼的禮物，獻給與我擁有相同悲傷的你。希望你看到這塊磚片時，能回憶起我們的友情，我會永遠支持你。」

回國後，我帶著悸動與不安展開新生活，而她的禮物紓解了我緊張不已的心。踩踏在自己的痛苦之上，寬宏大度地包容他人創傷的漢娜，即便承受著極大的創傷與家族祕密，仍是我認識的人之中，最為堅強的一位女性。

然而，大部分的人都無法如漢娜般堅強。兒時受到父母或熟人性侵的人，終其一生都難以擺脫被害意識。由近親行使的性侵害，是毀掉幼童一生、最惡劣的兒童虐待。也因為與不可告人的家族祕密結合，它帶來了加倍的危險性。性侵的加害者不只是父親而已，還包括了對此事睜一隻眼、閉一隻眼的母親。認為家庭的籬笆既已崩塌，乾脆犧牲女兒、姐姐或妹妹的家人，也成了共犯。在此情況下，被害者會受到雙重創傷，感受到的傷痛更錯綜複雜，也更深刻。

為何會有家族祕密的存在呢？家族祕密是為了維持目前家庭系統所做出的回應。害怕在承認現實的瞬間，家庭不知在何時會產生變化，於是便讓家人去否認痛苦的事件或問題。家庭會抗拒變化，因為家庭系統內有某種慣性，會傾向於固守先前的方式，而這種家庭系統的傾向就稱為「恆定性（homeostasis）」。害怕家庭崩潰而抗拒變化的恆定性，導致家族祕密的產生，但也因此大幅增加了家人間的衝突。

以家族祕密為題材、改編自驚悚小說大師史蒂芬金作品的電影〈桃樂絲的祕密〉，將家庭衝突描寫得十分出色，很適合作為大學或研究所心理學課程的教材。故事的概要如下：生活於大都市的女記者賽琳娜接到線報，指控母親桃樂絲克萊朋是殺人案的嫌疑犯，於是她再度回到了十五年前帶著憎惡離開的故鄉。其實賽琳娜很肯定母親是有罪的。離開故鄉的數年前，父親在可疑的失蹤事故中失去了性命。賽琳娜也大約猜到，這起事件與母親有關。因此，每當賽琳娜憶起母親和故鄉，便不禁打起寒顫。離開故鄉之後，她與母親斷絕了音訊。即便賽琳娜不想為母親積極辯護，但也不能對母親的罪孽坐視不管。她帶著複雜的心境回到故鄉，在一旁靜觀殺人案的調查過程。電影的前半部，將母親殺害父親的可能性鋪陳為家族的祕密。這即是典型家族祕密的狀況——雖然發生了某件不好的事，但沒人能提起這個話題，因此也沒辦法得知真相。對於家族祕密的壓迫所造成的扭曲情緒感到厭倦，想尋找出路的心理，徹底地呈現在薩琳娜身上。

然而，電影的後半部出現了大逆轉。那是當然的了。創下全球三億五千萬本小說銷售成績的史蒂芬金，不可能只靠如此簡單的情節來完成小說。

看到既無意擺脫殺人嫌疑，也不打算祈求女兒諒解的媽媽，失望透頂的賽琳娜打算再度離開故鄉。可是，就在離開故鄉的船舷上，因為某些線索，她的腦海浮現了長久以來遺忘的記憶，不，是她處心積慮想從腦袋中清除的一個記憶。在復原後的記憶裡，真相是這樣的：賽琳娜的父親喬治是個酒鬼，甚至覬覦著年幼女兒的身體。發現異狀的桃樂絲原本打算帶著女兒離開故鄉，但受到喬治的阻礙，最後只好偽裝成意外，讓丈夫永遠無法待在女兒身邊。她將這一切藏在自己心中，為了讓女兒能夠在全新的環境中成長，於是不發一語地讓女兒離開。認為父親儘管無能，但卻是個慈祥木訥的人，還有冷血無情的母親才是問題的賽琳娜，就在領悟到事實的瞬間，信念徹底瓦解了。那些是極欲擺脫性侵創傷的心理防衛機制所創造出來的虛假記憶，而面對真相的時刻，總是如此令人毛骨悚然、痛苦萬分。

電影《桃樂絲的祕密》就像這樣，擁有兩種家族祕密交疊的複雜情節——殺害父親的祕密，以及受父親性侵的祕密。不管是哪一邊，家族祕密都會破壞家庭關係，使之解體。這部電影完整刻劃了賽琳娜透過面對真相，擺脫了家族祕密，也克服自己的創傷，最後理解母親真心的過程。終究，家族祕密無法靠迂迴的方式來解決。承認家族祕密雖令人痛不欲生，但唯有正視該真相，才可能解開問題的線頭。

是誰掌握著權力

希臘神話中，有一位名為伊卡洛斯的少年，受困於海洋中的島嶼上，後來靠父親以蜜蠟黏成的翅膀成功逃脫。但就在他向著太陽翱翔之際，蜜蠟融化了，導致他墜落身亡。這個故事告訴了我們，人類對權力有著無止盡的慾望。我們身邊也經常可見到為權力汲汲營營之人，即便是人們認為不懂人情世故、不擅於社交的教授圈也沒有太大分別。你或許會說，教授能有什麼權力呢，但想坐上學會會長位子的無形競爭卻很激烈。

其實，不管成為何種團體的主導者，都要比一般會員辛苦許多。光是準備課程或研究都不夠了，還得抽出時間在團體事務上，而且無論是任何事，都要比他人更早挺身而出才行。可是，即便知道會這麼辛苦，人們為何還要費盡心思坐上那位子呢？那是因為想要獲得認可。人類在獲得他人認可時，就會產生自我滿足與穩定感。

「若童年為了生存，需要獲得父母的愛，那麼成人就需要來自周圍的認同。」

根據加拿大出身的精神分析師，現為心理諮商大師的艾瑞克·伯恩（Eric Berne）的觀察，受到某人的認可，乃是身在社會的人類所必需的生存能量。反過來說，對權力的慾望，可以說是「為了獲得某人認同所做出的奮力掙扎」。

權力在我們人生中扮演極為重要的角色。在佛洛伊德的弟子中，研究人類的自卑感、補償心理、認同需求等領域的心理學者阿德勒（Alfred Adler），曾在《了解人性》一書中說明，對於權力的慾望，乃是支配人類精神狀態的重要因素。人類的本性中原本就存在獲得認同的欲求，因此從小便會為了獲得父母的關心與認可，刻意去做令父母高興的事。相反地，也會去做父母討厭的事來博取關心。阿德勒認為，這是一種權力慾求的擴張。

美國的精神科醫師威廉·葛拉瑟（William Glasser），二十三歲便成為諮商師，接觸過無數諮商個案，並創立了現實治療法。他曾說過，表現出暴力與憤怒的家庭，大部分都有在無法在外頭行使權力的家庭成員。好比說，丈夫想藉由支配妻兒來滿足權力慾望，而家人在此情況下只能屈服。倘若丈夫仍無法滿足權力慾望，問題就會產生。

在夫妻與家庭關係中，權力同樣扮演著重要角色。所謂的權力，是向對方行使影響力。即便是在極為私密的家庭關係中，每天……不，每小時都會行使權力。透過誰來做決定、誰來選擇壁紙的顏色、誰來制定家庭的規則等來行使權力。家庭內所行使的權力不限於重要的事，就連瑣碎的生活問題，比如送子女到哪間補習班、要選什麼樣的衣服等，都會顯露家庭內的權力關係。

☺夫妻吵架原因百百種，但根源只有一個

打從結婚起就成為主體的兩個男女，在家庭內各自負責固定的領域。丈夫主要扛起家計，妻子則負責打點家事和養育子女。表面上看來，丈夫的角色似乎更為重要，擁有較多的權力，但深入去看，就會發現不見得如此。負責家事與養育子女的太太，掌管了家庭的大小事，此管轄權成了太太的家庭權力形成的來源，因此家庭內真正的主人是太太。

德國兒童心理學的代表性學者吉麗娜・普立蔻波（Jirina Prekop），也是讓父母與孩子坦誠相見的「擁抱療法」發明人。她曾說過，和孩子相處和睦的爸爸，不單純只

是經常陪孩子玩的溫柔爸爸，最重要的是要和太太關係融洽。孩子的領域是屬於媽媽的範圍，如果爸爸想要和孩子建立良好關係，就必須要有在背後默默支持的媽媽。如果爸爸總是感覺到自己在家庭內很孤單、自己只是個為家人賺錢的人，就得盡快恢復與太太之間的關係，如此才有機會和孩子變親近。

夫妻會因為各種原因吵架，但實際上隱藏在爭吵背後的動機，在於誰擁有更多權力。我認識的一對夫妻，婚後至今六年，幾乎沒有一天不起口角。可是，當我問他們，為何吵得這麼兇，他們卻說想不起來了。「每次吵架內容都不一樣」他們如此回答，但要是以為這只是每天拿雞皮蒜毛小事來吵架、沒有特別原因的話，誤解可就大了。因為這對夫妻經常吵架的根本性原因，在於爭奪誰在家中更有權力。為了滿足自己的權力慾求，而將對方壓得死死的，可以說是威脅幸福婚姻的最大障礙。比起缺乏愛情，爭權的遊戲是更具威脅性的要素。

若以權力位階來劃分夫妻關係，大約可分成兩種。其一為「從屬關係」，夫妻中的一人負責做大部分的判斷與決定，另一半則是點頭贊成與服從。這種夫婦不會因為權力吵架，更準確地說，是吵不起來。此類型不會在公開場合起口角，夫妻爭吵的次數也很少。然而，這並不是因為彼此相愛，所以夫妻之間的衝突要素會在內心累積。時間越久，居於權力「上位」者就會逐漸感受自己被孤立了，居於「下位」者則會形成備受壓抑、漠視的被害者意識。在此情況下，後者雖無法將個人意識表達出來，卻會被動地透露出敵意，用隱密、非外顯的方法來攻擊對方。其代表性的做法，就是和子女站同一陣線，孤立另一半；還有藉生病之名，說自己什麼都做不了，成日躺著的消極性做法。這些都可以說是透過罷工，對先前壓抑自己的另一半進行小心謹慎的報復。

第二種則是「對稱關係」，夫妻雙方的力量不相上下，兩人都會向對方下指示、批判或給予建言，那麼夫妻倆自然免不了經常爭吵。該由誰來行使權力的主導權是不明確的，所以很容易產生衝突，彼此也會為了擴大自己的力量而牽制對方。這種類型雖然會經常爭吵，但有些人能以對等的關係為基礎，藉由彼此理解的過程，維持民主的夫妻關係。因為兩人皆無法單方面堅持己見，所以會造成紛爭，但彼此會調節意見來做出決定。表面上看來，對稱關係的夫妻較常吵架，但也不能斷言，不常爭吵的從屬夫妻關係就比較穩定或幸福。

☺戀母情結與家庭秩序

美國家庭諮商師傑‧海利（Jay Haley）曾經就「夫妻間的權力遊戲乃是家庭問題」的觀點進行觀察，並以此為基礎，創立「策略性家庭治療模型」。他說過，當家庭權力鬥爭太過激烈，或者一方對於不平等的力量分配忍無可忍，家庭的位階秩序便會崩毀，造成嚴重問題。

暑假即將到來，哲秀一家人正在計劃要到哪玩。爸媽對休假地點的意見分歧，爸爸提議去山上，可以在溪谷泡腳，享受清新的風，媽媽則說要去遊憩設施完善的海邊，兩人的意見僵持不下。此時，哲秀插嘴說道：

「爸爸，去年不是去了智異山，結果下起雷陣雨，搞得很狼狽嗎？差一點就要因為被困在大雨中，登上電視新聞了。今年就去有度假村的海邊吧。」

原本維持平衡的爭論，因為哲秀加入了意見而傾向媽媽那邊，所以爸爸只好打消念頭。這是任何家庭都會發生的平凡小事，但從權力的觀點來看時，這正是家庭內位階秩序出現混亂的瞬間。

家庭內存在著自然形成的位階秩序。子女與父母的世代均各自維持一定的位階秩序，且會按照來到家庭的順序來決定位階。以時間的順序來排序，最先出發的孩子要比後來出生的孩子位階高。

在哲秀的家中，比父母位階低的子女扮演了決策者的角色，導致秩序出現了混亂。當母親與子女親密依附、疏遠父親，或是子女代替父母配偶的角色時，位階秩序也會出現混亂。儘管在大部分的家庭內，這種混亂只是一時的，但如果變成了常態，便可能演變為可怕的家庭紛爭。

我們常說的戀母情結，也是與家庭位階秩序有關的議題。有人預言伊底帕斯往後會殺死父親，因此伊底帕斯小時候曾與死神擦身而過，最後雖免於一死，但仍遭到了遺棄。伊底帕斯長大之後，在流浪途中失手殺了某個人，沒想到那人正是自己的父親。伊底帕斯後來又與失去丈夫的王妃成了婚。伊底帕斯作夢也沒想到，王妃會是自己的母親。然而不久後，真相終於大白，身為妻子與母親的王妃大受打擊，以自殺結束了性命，伊底帕斯則自行挖出了眼睛，走上流浪之路。希臘悲劇伊底帕斯王的神話展現了古代人的視角，違逆位階秩序之人會招來悲劇性的結局。越是早期的古代社會，越會依據年齡來排序，並形成位階秩序。這樣的位階秩序是團體為了生存下來所必要的條件，若是有人違反，人們便認為他威脅到整體的生存。

佛洛伊德曾說，擁有情緒問題的人，乃是生存於此時代的另一個伊底帕斯。佛洛伊德視為人類內在衝突根源的伊底帕斯情結，便是以這種秩序法則為前提。他假定了人類面臨秩序問題時會產生衝突與絕望，而人類如何克服、解決秩序問題，則決定了家庭是否幸福。

有一個表面上看起來極為平凡的家庭。丈夫勤奮工作，在職場上乘風破浪，太太則很熱衷於宗教活動。從某些角度看，可稱得上是模範家庭。他們來諮商的原因令人驚訝，是因為大女兒企圖自殺。丈夫從小是母親獨自帶大的，因此總是對母親心懷歉意。丈夫之所以選擇太太，也是因為母親的勸說與牽線，要他和這個善良的女人交往看看。夫妻兩人結褵十六年，但至今家裡的大小事仍由丈夫與母親商議後決定。扮演丈夫配偶角色的不是太太，而是母親。母親與丈夫之間，始終沒有太太介入的餘地。丈夫下班回來，最先去迎接的人，還有早上替丈夫準備公事包的，都是母親。角色越線的情況沒完沒了。但抓著兒子不放的婆婆仍不滿足，甚至越權當起孩子的媽。對媳婦的教育方式不滿的婆婆，總是話中帶刺。若是上小學的孫子不聽話、無理取鬧，婆婆像是做給忙著安撫孩子、不知所措的媳婦看似的，上前甩孩子一巴掌，並破口大罵：「怎麼可以任孩子這樣胡來？」

婆婆認為，她是在示範如何教導孩子。而家裡即便變得一團亂了，丈夫仍時時袒護母親，或者保持緘默。感到無力的太太，選擇皈依宗教來逃離令人窒息的家庭。然而，最難忍受這個情況的，其實是孩子們。孩子從學校回來後，總得聽奶奶發牢騷。他們開始討厭奶奶，也減少了從房門出來的次數，進了各自的房間後就不出來。認為自己辛苦拉拔孫子的奶奶，對於老是站在媽媽那邊、不認同自己的孩子感到失望，也越發覺得他們沒禮貌。無形之中，奶奶與孫子間的衝突日趨嚴重。

「奶奶，拜託不要再欺負我們和媽媽了。」

最後大女兒忍無可忍，寫了一封信後，企圖自殺。幸好救回一命，但全家人也因此大受衝擊。

這個家庭的問題，在於家庭的位階秩序被擾亂了。失去丈夫之後，一直倚賴兒子，即便兒子結婚之後，依舊無法放手的寡母比比皆是。然而，權力的慾望是無窮盡的。無法滿足於兒子的太太角色，想進一步佔據孩子母親角色的奶奶，使整個家庭搖搖欲墜。最後，奶奶的支配慾望，造成了家庭位階秩序的崩塌。配偶的角色，就該由夫妻兩人來扮演，而祖父母就該處於祖父母的位子上才對。

即使只有一人破壞位階秩序，整個家庭都會陷入混亂。解決此家庭衝突的方法，在於恢復世代間的位階秩序。為了建立起適當的位階秩序，就必須設定明確的界線。最好讓丈夫站到妻兒的陣線，並將奶奶隔離開來。然而，因為長久以來的習慣，奶奶要完全回到自己位置上肯定不容易。因此，丈夫必須先採取行動。只要丈夫改變態度，使秩序得以穩固生根，陷入混亂的家庭就能再度恢復穩定。

問題家庭必有代罪羔羊

我偶爾只要和太太吵架，這個消息很快就會傳到父母耳裡。彷彿紛爭區域的專門記者般，迅速準確地報導吵架現場的不是他人，正是兒子。只要夫妻之間有了衝突，兒子就會急忙打電話，將事件的來龍去脈告訴爺爺。然而，爺爺的反應卻很令人吃驚。他會打電話給太太，而不是打給我。

「善良的妳要多多擔待，妳也知道，那孩子性子就是那樣，妳一定很辛苦吧！」

當我們夫妻冷戰時，爸媽或妹妹總是站在太太那邊。我妹妹更技高一籌，在家人齊聚一堂時，如此說道：「唉唷，多虧有善良的嫂嫂，我們家才能這麼和樂融融。我真的很感謝嫂嫂，如果不是嫂嫂的話，有誰能照料像哥這樣的人啊？」

從我爸媽或妹妹的話來看，有問題的人總是我，而太太則是很懂得忍讓的善良媳婦。我們家人聚在一塊時，就會從經常發生的事裡頭，挑出我的失誤或錯誤，演變成將我推上斷頭台的聲討大會。家人會很熱烈地指責我的錯誤，而不自覺時間的流逝，最後也總是以「太太能夠忍受問題這麼多的人，真是善良」的方式作結。因為如此，在我們家幾乎沒有常見的婆媳或姑嫂問題。

我雖然早已習慣，但偶爾也會因為這種情況而怒氣衝天，卻又無力反抗全家人。在家庭外頭，名目上我也是個大學教授，教育許多學子，參與各種社會活動，有時也會受到稱讚與尊敬。然而在我們家裡，不管是當教授之前或是現在，我仍然被視為問題人物。這種狀況並不是一天造成的，是我們家經年累月的行為模式，而我也成了一種「家庭的代罪羔羊」。

☺家庭代罪羔羊的機制，問題兒童vs.英雄

曾擔任史丹福大學教授的法國文化研究學者勒內・吉拉爾（Rene Girard）透過分析神話與民間故事，揭示了人類最初用來解決問題的手段即是「代罪羔羊機制」。

當社會內產生不安、不滿與衝突時，能夠付出最少的代價，又能立即見效的對應之道，即是將責任轉嫁到某人或少數人身上。透過對指定的人發洩憎惡、憤怒和敵意，平息社會的混亂與紛爭，並恢復暫時的秩序。根據他的分析，歐洲歷史上經常發生的猶太人屠殺或魔女獵捕行動，均是為了解決社會面臨的問題與危機，啟動代罪羔羊機制的案例。代罪羔羊機制與人類的起源同步作用著，它超越了所有問題與時代，成為人類解決問題與危機與基本對應方式。吉拉爾發現，代罪羔羊機制不只存在於國家或村莊等龐大的共同體，它也存於最小的社會單位——家庭。

家庭代罪羔羊，是指靠家中某一人的犧牲，來維持整個家庭的和平與穩定。其原因大多來自夫妻衝突。一般來說，代罪羔羊是為了避免夫妻衝突所使用的手段。

身為世界級家庭諮商師，甚至曾在美國PBS電視台上主持與自己同名的家庭諮商節目，約翰．布雷蕭（John Bradshaw）曾列舉身為家庭代罪羔羊的子女所扮演的角色，包括父母的父母、父親或母親的朋友、父親或母親的偶像、英雄、完美的孩子、聖人、給予父母勇氣的孩子、反派、小可愛、運動選手、家庭內的和平主義者、家庭仲裁者、失敗者、殉教者、父親或母親的配偶、娛親者、問題兒童等。在這各式各樣的角色中，最具代表性的即為「問題兒童」與「英雄」。

擔任「問題兒童」角色的子女，儘管心有委屈，但也只能被當成各種家庭問題的源頭，受到家人的責難。一旦貼上問題兒童的標籤，子女便會因為家庭內產生的緊張與不安而變得極度敏感，為了引起家人的關心，他們會做出更容易受到指責的行為。反過來說，問題兒童的負面行為，讓家人把感受到的痛苦與憤怒轉移到他身上，這在家庭的團結上扮演了重要的角色。家庭則透過代罪羔羊，恢復暫時的和平與穩定，但成為代罪羔羊的子女，則會產生自責、自卑與嚴重焦慮等情緒。

並不是所有子女都會公平地扮演代罪羔羊的角色，自然會有被「選上」的子女。因此，代罪羔羊以外的其他子女，可以完全不受妨礙，盡情地歡度童年。那麼，為何唯有一個孩子必須為了父母，扮演這特別的角色呢？因為對父母來說，不管是誰，只要有一個人能扮演該角色就足夠了。成為代罪羔羊的子女都有敏感、膽怯的共同點，他們能夠很快地察覺到父母的痛苦，擁有過度自責的傾向，因為害怕被拋棄，所以顯得懦弱膽怯並渴望和諧。

擔任德國海德堡大學教授、身為家庭治療先驅的斯迪林（Helm Stierlin），透過「委任（delegation）」的概念，來說明如何選擇扮演「英雄」角色的家庭代罪羔羊。委任意指代替某人來執行任務，也就是說，由子女代替父母實現長久以來的期望。

在一般的親子關係中，父母會照顧子女，子女則產生對父母的信賴與愛。雖然子女無法以相同方式來回報父母，但會藉由對父母表現忠誠來報答其恩惠。斯迪林表示，父母經常會利用子女的忠誠來滿足自己的欲求。舉例來說，曾在學業上有所遺憾的父母，會期待子女用功讀書、取得漂亮的學歷。因為是父母的願望，子女會壓抑自己的欲求，去迎合父母的期待，為學業付出一切。

「要是好好念書，考上了首爾大學，那是對你好，又不是媽媽去念。」熱衷於子女教育的媽媽對兒子這麼說。

其實，是誰想考上首爾大學？不是媽媽自己嗎？雖然她認為這番話是為了兒子好，但底下卻透露出媽媽的慾望。扮演英雄角色的代罪羔羊，於是有了實現父母夢想的責任。在此情況下，子女必須去當醫生、法官、教授、神職人員、運動明星等，完成父母未竟之志才行。子女像是被賦予使命的使節團，擔負了非完成不可的任務。

☺「都是因為爸，我的人生才會一塌糊塗」

在諮商室見到的振赫，對父親懷有強烈的憤怒。如今已過而立之年的他，訴說自己三十年來不曾有過自己的人生。振赫的父親是白手起家的人物，雖然過去因為太過貧困無法求學，但他發揮了出色的生意手腕，獲得了成功。然而，儘管父親事業有成，對於讀書卻抱有憾恨。考上公務員曾是他的夢想，但受家境影響而無法達成。周圍的人也經常對他說：「如果你當初有機會念書的話，考試一定會錄取。」父親為了實現未竟的夢想，便想讓子女代替他。太太懷老三振赫時，父親做了從孩子手中收下王冠的胎夢。他認為老三能夠替自己實現夢想，打從老三出生那刻起，便將他當成公務員考生來拉拔長大。比起兄長，振赫備受禮遇，家人把他當成將來要考公務員考試的重要存在。然而，這一切都與他的意志或慾望無關。雖然是因為父親，他才會去考公務員，但因為動機不足，每次都落榜。最後他厭倦了考試，不顧父親的反對，到公司上班，父親卻總是逼迫他辭掉工作去考公務員。

振赫承受著雙重的痛苦：他埋怨父親剝奪了自己的人生，另一方面，因自己無法替父親完成夢想而感到自責不已。

斯迪林曾說，為了填補父母的遺憾，受到委任的子女將無法擺脫自己被賦予的使命。對此，他使用了「脫逃罪」一詞。當子女無法完成父母賦予的使命，他便得一輩子帶著深深的罪惡感。這種代罪羔羊與父母之間存在著剝削關係。剝奪子女能夠選擇人生的權利，從結果來看即是一種剝削。受父母剝削的子女，會在無法滿足自己欲求的狀態下成長。即便滿足了父母的欲求，子女也不會因此獲得解放，因為這一切是為了父母，而非自己。對父母而言，家庭代罪羔羊可能是「英雄」，但在此之前，他不曾有過自己的人生，因此即使實現目標之後，對於什麼才是自己的人生，他既摸不著頭緒，也不知道該如何執行。

☺用來因應緊急狀況的家庭代罪羔羊

文化研究者勒內・吉拉爾，

透過分析神話與民間故事，
揭示人類最初用來解決問題的手段，即是「代罪羔羊機制」。
人類最小的社會單位「家庭」，
也存在著此種機制。
家庭代罪羔羊，是指靠家中某一人的犧牲，
來維持整個家庭的和平與穩定。
家庭代罪羔羊出現的原因，大多來自夫妻衝突。
一直以來，擔任家庭代罪羔羊的晏華，
擔心自己若不扮演這個角色，家庭會因此動搖。
晏華要怎麼做，才能擺脫角色，活出自由的人生呢？

被評為優良教師的金晏華老師，每次來到諮商室時，我的腦海都會自動浮現「背負我的悲傷之人」這個說法。據說印地安人是如此表達「朋友」的。但晏華為的不是朋友，她獨自背負的是家庭的重擔。她是四個兄弟姊妹中的長女，在家扮演的角色卻不僅止於此。家中有著喜愛喝酒、賭博、和好友聚會，老是往外頭跑，經濟上無法帶來幫助的父親；還有替丈夫收拾爛攤子，健康狀況不佳的母親，因此晏華只能代替父母扮演家長的角色。照顧生病的母親或年幼的弟妹，全都是晏華的職責。她為家裡所做的犧牲，即便在她完成大學教育、當了老師、建立自己的家庭後也沒完沒了。晏華的弟妹無法找到固定的工作，收入依舊微薄；加上父母年事已高，體弱多病，為了支付父母的醫療費用，在醫院進進出出的晏華，即便處於三十多歲的美麗年紀，也從未買過名牌衣服。當娘家發生事情，她還得在看丈夫眼色的同時，連忙趕回家裡去。對家人來說，晏華儼然是英雄、是超人，不，是女超人。她是四個兄弟姊妹之中，唯一找到專業工作，同時也是能夠隨時費心照顧家人、值得信賴的人。

「幾天前，我爸打電話給我，他說：『現在妳也該休息一下了吧？』聽完後，我哭得不能自己。」

我完全了解晏華背負著悲傷的心情。我帶著擔憂的口吻，對她說：「從現在開始，別只顧著擔心家人，放輕鬆點吧。」

「可是，醫師，如今我克制不了自己，想到如果沒有我，家人會不會就此倒下，讓我感到非常不安。」

一直以來都擔任家庭代罪羔羊的晏華，即便在弟妹長大成人後，仍無法擺脫過去的習慣。晏華該如何做，才能擺脫家庭代罪羔羊的角色，活出自由的人生呢？

晏華必須先果敢地放下自己背負的不安與責任感。一般而言，扮演家庭代罪羔羊的人，都會憂慮「要是我不做這件事，整個家會不會因此動搖？」然而，家庭代罪羔羊無法根除家庭的問題，只能避免問題曝露，或者費盡千辛萬苦，掩飾住一時的問題。如果晏華不再扮演家庭代罪羔羊的角色，或許父親會更早回歸到正常的家庭生活。已經成人的弟妹們，也會自力更生，不會只想著要依靠姐姐。

如果真能如同印地安人對待朋友般，彼此背負對方的悲傷，那肯定沒有比這更美的關係了。然而，不管再怎麼憂慮、再怎麼努力去扮演代理角色，子女仍只是子女，無法成為父母。唯有放下家庭關係中超出自己本分的範圍，讓每個成員意識到自己的角色，家庭才可能產生正面的變化。

壓榨家人的怪物

有位媽媽總是對女兒十分嚴格冷峻。即便下起傾盆大雨，她也不曾撐著傘到學校接孩子。其他母親都在校門前等待，忙著替孩子撐傘，唯獨這位孩子的媽媽不這樣做。倘若孩子外出了，卻淋得一身濕回來，媽媽也會一臉若無其事地看著女兒。長大後的某一天，女兒向媽媽問起求學時的事情，想知道為什麼她不像其他媽媽一樣，拿著傘來到學校。

媽媽漫不經心地答道：「是為了讓妳變得更堅強。」但女兒無法理解。她曾經想，自己是不是撿來的孩子，或者因為自己不是兒子才遭受冷落，幼小的心靈留下了疙瘩，結果竟然只是因為這樣。

負責小學一年級學生的導師，很放心不下某個每次來學校就打瞌睡的孩子。老師問他，究竟晚上做了什麼，怎麼老是在學校打瞌睡，孩子的回答卻令人大吃一驚。原來他每晚都到山上去運動。還是春寒料峭之際，光著身子跑到山上。老師以為孩子看了什麼武術電影，才說了這番話。過了一段時日，孩子的學習態度未見改善，於是老師要求與家長面談。老師將孩子的話告訴來到教務室的家長，確定其真偽。結果孩子的父親一本正經、胸有成足地說，這是為了訓練兒子成為男子漢。他每天都要求孩子赤身跑到山上，回來才能睡覺。看到孩子父親反問這樣做有什麼錯，老師突然慌張地不知該說什麼才好。

這兩個案例都讓所有人感到不知所措，但家庭內發生的許多創傷大多是出於善意，絕不是為了折磨家人、讓家人痛苦。動機本身雖然很難論斷好壞，但方法上確實存在著許多問題。

依附理論的先驅約翰・鮑比（John Bowlby）曾說，童年缺乏父母愛的子女，在成為父母之後，會傾向於重現導致自己匱乏的情境。

他會透過目前的另一半與子女，來消除兒時受父母抑制的慾望與補償心理。也就是說，過去有受創經驗的孩子，會對現在的家人造成相同創傷。

☺使家人痛苦之人

「壓榨」原本是社會學的用語，在馬克思主義的思想中，是指持有生產手段的階級，在未付出合理代價的狀況下，取得下層勞動階級的生產成果。也就是說，壓榨發生在階級關係中。然而，在生活中發生的壓榨，不僅會在相同階級間發生，甚至在家庭內也屢見不鮮。在家中處於優越地位的父母，為了解決兒時的創傷，因而利用子女的話，那也算是一種壓榨。遭受父母利用的子女，再次重現自己經驗時所行使的權力，伊凡・納吉（Ivan Boszormenyi-Nagy）稱之為「破壞性的權力（destructive entitlement）」。

就像我們說的「討回公道」，自己受過多少苦，就如數奉還。不！是加倍奉還給地位不如自己的對象。這與在惡婆婆底下生活，必須「聾三年、啞三年、瞎三年」的媳婦，往後面對媳婦時，自己也會成為惡婆婆是相同的道理。身為下屬時，受暴力所苦的軍人，也會在升官後，變成毆打、不斷操練二等兵的長官。韓國軍隊的暴力、毆打、欺侮下屬的積習中，也存在著「行使破壞性的權力」。當子女長大成人，想將過去的創傷加諸於他人身上時，就會再次壓榨、利用下一代的子女，家庭問題也就經由世代傳承下去。

然而，家庭關係中的此種破壞性行為，會造成「就連全世界最相信、最依靠的家人都無法信賴」的苦痛。行使破壞性權力之人會不斷折磨家人，以既無理又嚴格的規則來規範家人，使家人受無謂之苦。原本能夠幸福美滿的家庭，也因為這不正常的行為，讓全家人深陷痛苦之中，同時也浪費了家庭的資源。

有一位我諮商過的大學生，和父親起了很大的衝突。這位學生說，父親買回零食的那天，就等於是受苦日。通常在一般家庭中，如果父親買零食回來的話，全家人都會很開心，但這位學生的家庭卻正好相反。因為他父親規定，買回來的食物不能剩下來。把食物剩下來的行為是最惡劣的，就算硬吃也要吃完。父親兒時在沒有零食的困苦環境中長大，所以食物自然是一種珍貴的物品。但是，時代改變了，對於從來不懂飢餓滋味的世代而言，零食不過是零食。要是肚子飽了，剩下來也無妨，但是學生的父親卻無法容許家人沒把東西吃完，他的強制性要求，令家人感到痛苦不已。

☺潛意識企圖解決過去傷口的惡性循環

嘗試利用無辜的對象來解決過去創傷的行為，在家人心中留下了深刻的傷痕。破壞性權力靠的不是個人的力量，而是仰賴家庭這個組織和其力量來運作。透過家庭的規則、秘密、位階秩序來行使的破壞性權力，令所有人均無法提出異議，或者將此洩漏出去，只能乖乖順從。這種家庭關係是很空洞的，所有人只能帶著內心的情感創傷，披著家庭這個外皮生活下去。

我認識的一個女士，丈夫是包含名下房屋就有一百億韓圓財產的富翁，但她仍每天辛苦地做著保險專員的工作。周圍的人經常說，金錢的慾望是無止盡的，到底還打算存多少財產，才要這麼辛苦工作，但是在這位太太的記憶中，婚後幾乎不曾向丈夫拿過生活費。

她丈夫是在極為窮困的家庭中長大，父母甚至因為金錢問題而離婚。認為所有痛苦皆因金錢而起的他，於是拚死拚活地賺錢。打從年輕時期，他便只專注於工作。幸虧他很有生意頭腦，很早就賺了大錢，但自己辛苦賺來的財產卻不是為了家人，只是為了報復兒時被父母拋棄後，必須孤單生活的過去罷了。大女兒結婚時，丈夫也吝於花上半毛錢。他拒絕添購結婚用品，讓女兒帶著裝了舊衣服的兩個背包就出嫁了。令人遺憾的是，對他的吝嗇感到厭倦的家人，只能等待他升天的日子來臨。

童年因父母過度行使破壞性權力而受苦的子女，內心會因此累積罪惡感、憤怒、羞恥、憂鬱、憤慨等情緒。他們認為自己被剝奪了獲得愛與尊重的權力，並且很可能會以自己經歷過的相同方式，去對自己的另一半或子女行使破壞性的權力。而這種破壞性權力會透過世代傳承，將家庭的不幸延續至下一代。

為我們帶來創傷的父母並非怪物。就像大部分的狀況，他們不過是經歷了艱苦的歲月，曾在不當的家庭關係中受害的平凡人。我們若無法理解這種重複性，便無法從惡性循環中獲得解脫。人類經常會在不自覺的情況下陷入循環的過程，因此將父母行使的破壞性權力轉移到下一代的行為也不是有意的。因為它發生於潛意識，所以意識到問題的當下，自己早已陷入不幸的惡性循環之中。想要斷絕惡性循環的枷鎖，就需要如亞歷山大大帝般一劍砍斷戈耳狄俄斯之結（Gordian knot）的智慧與果斷力。

童年時期未能獲得充分的愛與認同的母親，在看著自己孩子的同時，潛意識浮現了過去的傷口。若是像這樣，無法斷絕過去的繩結時，就會出現兩種狀況。就像童年自己的經驗般，成為無法給予孩子愛與認同的母親，或者恰好相反，為了自我補償，成了為孩子過度犧牲的母親。再次對子女造成創傷雖是個問題，但最好也不要過度呵護孩子，因為這是基於想藉此補償過去無法得到的愛與認同的心理。這樣的心理，也會對子女造成極大的負擔。

父母給予子女的愛，必須是不帶任何期待，或希望有所回報的。不管父母用什麼方式對待子女，都不能想到「成本」。父母為子女無條件地付出，而子女成為父母後，也會把這一切給下一代，而付出就透過世代傳承下去，這才是使人類生活綿延不斷的基本原理。

在外面偷吃的丈夫

不久前天氣還很悶熱，轉眼間卻吹來寂寥的秋風，研究室看到的校園樹木，也開始轉為斑駁。正是與「拂過的風、飄下的落葉，還有煮沸茶水的聲音」相襯的季節。同時，平時老實安分的男人心，也在此時靜悄悄地躁動起來。

身為心理學者和家庭諮商師的人，都會不吝於給予建言，讓他人家庭得以維持平衡穩定，不過自己倒不見得會那樣過活。知名的精神分析學者中，因為離婚與外遇，導致婚姻不美滿的人也比比皆是。不過，佛洛伊德靠著徹底的自我管理與自制力，維繫了自己的婚姻生活。在他一生中，從未有過二心，眼中只有太太一人。但即便是佛洛伊德，似乎也無法和太太分享自己的學問與研究的世界。佛洛伊德過世後，有位記者要求佛洛伊德的太太對其精神分析的成就表達看法，他太太反問道：「精神分析不是色情文學的一種形式嗎？」這成了知名的一樁軼事。倘若太太無法理解丈夫的學問或工作的話，兩人之間的對話就會有所限制，交流的深度也會停留在淺薄層次。儘管如此，佛洛伊德仍很忠於自己家長與丈夫的角色，展現出他對自我要求有多嚴格。然而，不是所有人都能像佛洛伊德一樣。

有篇調查報告顯示，在歐洲，每五名女性就有一名、每兩名男性就有一名擁有外遇經驗。在奧地利負責諮商療程的心理學者歌蒂・森格（Gerti Senger）曾經斷言道，「若將十名已婚男性聚集起來，其中有一半正在外遇，或者擁有外遇經驗。」由此便可得知，即便有了婚姻，外遇仍屢見不鮮。

☺愛家的丈夫之所以偷吃的原因

男人通常在婚後三、四年就會產生外遇的欲求。不，其實這算是一個不能讓它普遍化的問題。還有，雖然是例外狀況，也有人受到來參加自己婚禮的美麗賓客所吸引，因而產生外遇欲求的，心理學上將這種人稱為性成癮者。然而，除了這種特殊案例外，許多男性心中都潛藏著外遇的欲求。

在職場上認真打拼，能力受到認可的男人就不會外遇嗎？不是的，外遇並不專屬於疏忽家庭和工作的男人，反而可能相反。有許多身處激烈競爭與緊張之中，自我管理良好、受到肯定的男人，其實比想像中更為孤單。為了扮演好職場與家庭的角色，他們失去了照顧自己的機會，使得內心的孤單持續累積。同時，韓國的成年男性在大學畢業後，將精力投注在職場與家庭上，個人的親密人際關係逐漸消失。當親密感持續缺乏，空虛與孤單佔據胸口某個角落之際，倘若出現外遇潛在對象，內心自然會產生動搖。

平時很老實的人，會透過外遇來獲得為了維持職場與家庭而消耗的能量。他們會藉由脫軌行為，擺脫固定的生活方式。在外遇的同時，補充生活的活力與能量。

碰到外遇對象催婚時，男人會左躲右閃，而且不會有和妻子離婚的想法。此外，當外遇的男人回到家中，更能扮演好爸爸和丈夫的角色，使原本第六感特別靈敏的太太，其外遇偵測雷達失去作用。然而，發揮這種能力的男人，並不是因為智力高或習慣使然，而是因為不想失去妻兒。

在現代社會中，陷入成癮泥沼的人多如牛毛。成癮包括工作、購物、酒精等，其中現代人最常見的症狀之一即是性成癮。之所以耽溺於性愛，是源自於缺乏親密感。現代人再也不是農耕時代的農夫了，過去農人們天一亮就去做農活，會在田裡遇見方圓數百公尺以內的其他村民。而現代人們會被無數的人際關係、細部化與專門化的各種工作所折磨，難以保有農耕時代的餘裕與純樸的心態。拿著手機，時時被不安所籠罩，慌忙地東奔西走，才是我們今日的寫照。在這種環境下，人際關係的自在感與親密感會不斷降低。

與重要的人有親密互動，會使我們的人生更為豐富精采，為生活本身賦予意義，並感受到自己的存在。然而，想要和他人擁有親密感，就必須投注許多時間與努力，因此現代人會從輕鬆、毫無負擔的關係中尋求親密感的代理滿足。對於性的扭曲渴望，則給了孤獨與不安的現代人一個解答。

☺ 妻子不過是家人罷了

據說，夫妻間悸動不已的愛情有效期限為兩年半。要是生活了十年、二十年，仍如熱情如火的年輕男女般激動難抑的話，反而會縮短壽命。其實，我們在陷入愛情時，身體、荷爾蒙、大腦作用都處於極為緊急的狀態。結婚之後，隨著時間的流逝，對於男人來說，太太不再是讓自己心動的女性，而是令自己感到自在的家人。更甚者，可能還會覺得太太像自己的老媽。已婚女性在挑丈夫毛病時，經常會說「他就像個孩子一樣」，這是因為男性會在與太太的關係中，潛意識地去重現兒時對母親做過的孩童舉動。

兒時與母親關係過度緊密的兒子，依賴的傾向越明顯，只是在婚後將依賴對象從母親換成太太而已。男人暗地在外偷情時，雖然會對太太產生愧疚感與罪惡感，但那就和青少年時期欺騙媽媽，和朋友跑去做輕微偏差行為時的罪惡感相似。一方面雖懷有歉意，另一方面卻享受著驚險的快感。但等到太太發現先生外遇，提出離婚要求時，男人會非常驚慌失措，因為他們從沒想過太太可能會離開自己。他們之所以會這樣，是因為自己犯錯時，母親雖然會指責訓斥，但不會斷絕關係或拋棄兒子。從某方面看來，也許男人就是如此單純、連母親和太太都無法確實區分的生物。

對某些男人來說，太太是妹妹或是姐姐。所謂的妹妹或姐姐，是能夠明顯感受到異性間的親密感，但關係中並沒有性的存在。在夫妻生活中，這種人會感覺彼此的日常模式與習慣都很熟悉而合拍，是天生的一對，但在「性」福方面卻可能無法獲得滿足。這並不是因為太太無法滿足男人的性欲，而是男人在潛意識中，將太太排除在性對象之外的結果。太太只是家人，不管發生什麼事都不會分離，但性方面卻是個例外。

這種男人有許多是在婚前便與其他女性有過性關係的人。性方面尚未成熟的單身時期，男人在好奇心的驅使下大開眼界，後來便忘不了曾經品嚐過的刺激、快感與罪惡感。對這些人而言，太太身為穩定家庭中的一員，無法成為給予他性需求與快感的對象。

不管是基於何種理由，男人的外遇，終究只是放下身邊的幸福，轉而向外尋求，漂泊的行為罷了。這就跟鄉民將祖先傳下來的碗當成狗碗來使用，後來才發現那些原來是名品粉青瓷器，或寶物級的白瓷盤等貴重的文化遺產一樣。背著太太外遇的男人，不懂得珍惜自己擁有的寶物。外遇所帶來的暴風雨或許短暫，但威力強大，也會對自己和家人造成強烈的後遺症。

倘若外遇的事實沒有被揭發，又能和一時看對眼的對象爽快地分手，裝作什麼事都沒發生般回到原來的生活呢？如果能變成完美犯罪，外遇是否能成為享受一次的行為呢？佛洛伊德將其精神分析的目標放於實現健康的工作與愛情上頭。為了享受關係中的親密感、刺激的脫軌快感所發生的外遇，或許剛開始能夠讓當事者擺脫日常生活的單調乏味，帶來全新的動力與慾望；但當出軌行為反覆出現，其所帶來的心理焦慮擴大之後，想要獲得真正的愛與成功的工作成就就會變得困難，因為我們能使用的精力有限。世界上終究沒有白吃的午餐，外遇的欲求，就是會付出如此昂貴的代價。

☺ 外遇會留下深刻的傷口

「好想妳」、「我第一次這麼愛一個人。」

朴太太偶然看到丈夫手機中傳給陌生女子的訊息，語氣間流露著濃情蜜意，朴太太的心彷彿被揍了一拳似的。那一刻，她發覺丈夫暗地裡的風流韻事。朴太太的丈夫很快就與小三整理好關係，但夫妻問題並沒有就此解決。夫妻吵架也是從那時開始的。朴太太必須面對重大的課題，從丈夫的外遇造成的背叛與創傷中站起來。

為了修補夫妻關係，朴太太向先生提出了解決方法，要求他真誠地認錯，並且發誓不會再犯。然而，隨著時間流逝，丈夫也開始有話要說。

「我雖然是有過外遇，但我沒拋棄家庭。周圍還有人因為外遇拋棄家人、另組家庭的，至少我沒那樣。」

聽到這番話的朴太太，見丈夫非但不反省，還硬要辯解的樣子，感到憎惡萬分。

「你果然一點都沒變，往後也不會改變的。」

如今朴太太的語氣中滿是絕望，但越是如此，丈夫就越認為妻子只會一味指責，心中並沒有原諒自己，於是他也加以反擊。

「是啊，我本來就是這種人。妳連這都不知道，就跟我結婚了？」

原本下定決心，想好好挽回太太的心，修補夫妻間的關係，最後兩人卻陷入更深的絕望、埋怨、憤怒與悲傷。

外遇發生時，沒有人打從一開始就想背叛妻兒，對他們造成傷害。這都是始於想暫時擺脫平凡日常的「小小脫軌行為」，原本只是兩位彼此談得來的男女，在自然產生親密感的同時，帶著一時享樂的想法而已。她未婚，而他是有婦之夫，兩人協議在不傷害到任何人的前提下交往。然而，那一次的出軌太令人滿足，又太過甜蜜，於是他老是想著「再一次就好」。甜蜜的對話，以及從前戀愛時期那種窒息般的興奮感，使男人悖離了當初的想法，持續維持著這段祕密的關係。男人為了隱瞞太太和小三碰面，耗費了更多心思與精力。然而，在不知不覺中，男人因為過度緊張與壓力，感到身心俱疲。最後，他開始想要回到妻兒身邊。

當外遇造成婚姻亮起紅燈，過了一段時間後，大部分的夫妻都會想要解決危機。不管是外遇的一方，或是因此受到傷害的配偶都是如此。然而，若是像朴太太的案例一樣，想憑著下定決心對先前受到的傷害睜一隻眼、閉一隻眼，便無法解決問題。草率地原諒，有時反而會使夫妻問題惡化。要是受到傷害的人沒有痊癒，帶來傷害的配偶也可能會因罪惡感產生反抗心理。再過一段時日，他就會認為，外遇本身不是自己的錯，而是另一半無法滿足自己需求所致。

☺ 配偶背叛自己的創傷

朴太太需要坦誠自己的情感，讓丈夫知道，因為他的外遇，使自己受到多大的傷害，並給予對方充分理解與認同的時間。有句話說，如果外遇期間為十年，那麼治癒的時間也同樣需要十年。無法真心原諒丈夫的太太，隨時都可能爆發情緒。即使只是在路上，丈夫向漂亮女人投以視線，創傷也會再度復活。這麼一來，太太自然會一味指責對婚姻不忠的丈夫，而丈夫也會感到煩躁，不服輸地說太太老是拿過去的事情來懷疑自己。為了修補關係而努力的夫妻，等於是再次回到了原點。丈夫必須接受太太的過度反應是極為自然的現象，這是因為傷口再度惡化，令太太感到痛苦的緣故。

丈夫的外遇，成了太太的創傷。結婚式上「不管颳風下雪，我的眼中都只有妳，直至白頭偕老。」的誓言也已被打破。配偶外遇所引發的背叛感超乎想像。最重要與信賴的丈夫成了再也無法信任的對象，這個事實可能會使當事人自我否定，認為一切都是自己的錯。經歷配偶外遇創傷的人，可能會變得不相信身邊的人或他人，陷入虛無與悲觀主義之中，把自己更加孤立起來。

經歷另一半的背叛並成功克服危機的人，都有一個共同點。不管碰到何種情況，都不失去對自己的尊重與自我認同。同時，比起將事件從記憶中抹去，他們會努力將它視為自己人生的一部分來接受。擺脫虛無主義與悲觀主義，努力接受身邊的人與他人的溫暖關懷與支持，才能成功克服危機。

家人之間看不見的三角關係

初次見到東秀時的印象，至今仍記憶猶新。我事先看到了一張諮商便條紙，上頭寫著有位毆打爸爸，導致爸爸被送到急診室住院一週的青少年，因此我也稍微緊張了一下。然而，小心翼翼地敲敲諮商室的門後進來的東秀，是個體格不亞於大人，但仍掩飾不了稚嫩模樣的十七歲青少年。他帶著一臉恐懼，蜷縮著身子坐在椅子上。

「媽媽和阿姨說，雖然我打爸爸是不對的，但爸爸也沒做對什麼。」東秀小心翼翼地開了口。

聽著東秀的這番話，我不禁心生好奇，究竟是什麼樣的爸爸，被兒子猛打一頓也很理所當然？

「爸爸老是不遵守和媽媽的約定，就算媽媽要他千萬不要喝酒，早點回家，他也總是聽不進去，喝到半夜才醉醺醺地回家。」

命令丈夫的媽媽、確認爸爸是否遵守約定的兒子，還有被兒子毆打的爸爸，我聽了這家庭關係之後，心裡開始感到亂糟糟的。該說東秀是不懂基本道理的莽撞兒子嗎？這家庭的問題是始於何處呢？

暴力事件的來龍去脈是這樣。發生事件的那天，爸爸也同樣喝得酩酊大醉回家。生氣的媽媽大發牢騷，酒後性子變急躁的爸爸也不願認輸，提高了音量。兩人的爭吵逐漸轉變為肢體衝突，力氣單薄的媽媽開始被推向後方。看到媽媽受欺負的東秀，出於保護媽媽的想法，朝著酒醉的爸爸揮出了拳頭。

無法獲得溫暖的愛，又只能看著丈夫老是酒醉回家，這段不幸的婚姻令媽媽後悔莫及。每次她都會重複說相同的話，「哎呀，我的命真苦。知道我會和你爸生活，都是因為你吧？要不是你，媽早就和你爸分開了。」

面對一而再、再而三的埋怨，兒子對媽媽感到愧疚，也對爸爸產生憤怒與失望。爸爸對媽媽的愛確實不足，對媽媽來說是個壞男人；然而，這裡必須挑出來說的是，即便如此，爸爸面對兒子時並不是個壞人，但因為兒子透過媽媽的視線來看爸爸，便自然地過度偏袒媽媽，同時也被捲入夫妻衝突之中。對父親施暴，帶著一輩子的罪惡感與羞愧感，對於如今還年幼的青少年而言，無疑是太過沉重的包袱。

☺越是不安，越想靠三角關係解決

三角關係不只存在於電視上，
即便是家人之間，也有隱形的三角關係。
讓子女或他人受到牽連，以求穩定夫妻關係的類型，
家庭心理學者鮑文稱之為「三角關係」。
被捲入三角關係的子女，在往後組織家庭時，
會有對家人感到厭煩，或想離開家人的傾向。
倘若你認為家帶給你的不是力量，而是一種包袱，
會不會就是因為過去曾被捲入三角關係？

正如同東秀被捲入夫妻衝突中，不自覺地變成衝突的一環，將子女或他人拉進來，以求穩定夫妻關係的類型，鮑文稱之為「三角關係」。三角關係是由家庭內的不幸關係所衍生而來。無論是夫妻或兄弟，只要兩人關係岌岌可危、面臨衝突時，便會把第

三人拉進來，形成這種三角關係。

說起三角關係，可別想到是電視劇上演的三角關係。電視劇裡的劇情，多半是兩個身分天差地遠的女人愛上同一個男人，或者女主角周旋在兩個男人之間，一個一無所有，卻擁有堅毅魅力，另一個則是坐擁一切，但稍微欠缺魄力和真誠的鄰家兒子。這種三角關係，僅是短暫的愛情糾葛。家庭問題中的三角關係，和年輕男女之間形成的三角關係截然不同。

鮑文曾說，為了解決夫妻衝突，讓子女受到牽連的夫妻，都是自我分化低的人。為三角關係帶來最大影響的即是焦慮不安。越是感到不安，人們就越容易企圖透過三角關係來應對。關係不和睦的夫妻，經常會把子女拉進來，形成三角關係，但有時也會選擇非子女的第三者，像是婆婆、岳母或女性家人等，或者藉由工作、酒精、電視等事物來填補該角色。

透過外遇所形成的三角關係，則充分展現了它只是延遲衝突暴發的方法，而非三角關係的解決之道。夫妻關係不和睦時，不管是男人或女人，都有可能會想靠其他異性來填補不足的愛。他們會從異性身上獲得親密感與愛情，再以那股能量延續夫妻關係。但這種外遇型的三角關係，必須和因短暫衝動所引發的慾望有所區分。因為它只是代替真正的問題根源——夫妻衝突的手段，所以持續外遇的可能性很高。然而，夫妻關係不可能在外遇的埋怨狀態下恢復，時間越長，矛盾也會越深，如此一來便會成為夫妻離婚的原因。像這種三角關係，則是從心裡迴避直接對決的狀況下產生。

☺「媽，妳現在可以離婚了」

珠妍的經驗談則充分顯現了三角關係對子女帶來何種影響。特別疼愛么女珠妍的媽媽，每次碰到婚姻不順遂時，就會將她拉進懷裡，說道：

「因為妳出生了，所以沒辦法離婚。要是妳沒出生，我早就跟妳爸分開了。」

珠妍從小便聽媽媽說過無數次這句話。兒時的珠妍認為媽媽的不幸是自己造成的，所以不管怎麼樣都想補償因為自己而毀了人生的媽媽。長大之後，認真工作存錢，認為自己可以養活媽媽的珠妍，終於拿著離婚文件去找媽媽。她期待消解舊恨的媽媽會面露笑顏，將錢和資料遞給了媽媽。然而，媽媽的反應卻和預期不同。

「妳瘋啦？現在是在做什麼？妳真的希望我和妳爸離婚嗎？辛苦把妳養到這麼大，這是妳該做的事嗎？」

沒預料到媽媽會有如此反應，珠妍一下子愣住了。她感到十分困惑。長久以來，她都相信媽媽的不幸是因為自己，所以她得盡快將媽媽從不幸的婚姻中解救出來。

其實，珠妍的媽媽不過是在婚姻不愉快時，需要有個訴苦對象罷了，而那個人正好是么女珠妍。抓著么女大發牢騷之後，媽媽才能整理惆悵的情緒。然而，媽媽認為無關緊要的行為，卻對珠妍造成過度的罪惡感與責任感。為了減輕珠妍的心理負擔，她必須接受長期的諮商。

有時在三角關係中，子女也會扮演代替父母配偶的角色。當夫妻間產生衝突，感受到憤怒、埋怨、憂鬱等情緒的夫妻，會把子女放在配偶的位子上，並從其身上獲得慰藉。是否能透過子女獲得短暫的安慰不得而知，但子女可能必須跨越難以回頭的鴻溝。一旦子女介入三角關係，他們就不再是扮演子女的角色，而是夫妻衝突中的一環，同時也將被放在情緒焦慮的狀態。

在三角關係中成為代罪羔羊的子女，會在成長的同時，對自己的家庭感到厭倦，而且會想盡辦法離開家裡。這是一種企圖斷絕情緒的做法，像是留學、移民、很早就結婚的子女裡頭，有不少人便是帶著此種情緒。

☺我們家也存在著三角關係

認真說起來，我們一家三口裡頭也有輕微的三角關係。就如同每一個家庭，我們夫妻間的電視遙控器爭奪戰向來激烈。某一天，太太想看的節目和我喜歡的紀錄片節目時段重疊，夫妻間瀰漫著一觸即發的氣息。家裡的電視頻道選擇權，大抵上和那對夫妻的主導權相似。若太太較強勢，就以太太為主，若丈夫較具權威，就選擇丈夫想看的節目。但是，如果夫妻不相上下或地位平等，那將由誰來選擇節目呢？答案是「手持遙控器的人來決定」。你說這樣聽起來有點空虛？從行動心理學上來看卻不是如此。

曾有一個實驗，是讓彼此不相識的男女，坐在電影院相鄰的座位上，並觀察誰的手會佔據座位的扶手。結果，男人以壓倒性的比例勝出。社會上的男女接觸時，通常是由男性展現權力與主導性。然而，若是同性坐在一起呢？也就是說，兩個女人或兩個男人座位相鄰時，究竟誰會將手臂放在扶手上，自在地觀賞電影？說不定這結果會讓各位覺得很空虛，不過答案仍是「先把手臂放上去的人」。若不是兩人考慮到電影播放時間，協議各占用一半時間的話，先把手放上的，就會成為扶手的主人。這就和動物世界的道理相同，當動物的的體型或戰鬥力不相上下，先佔據巢穴者，便在該地盤佔有優勢。

話題扯遠了。我們夫妻倆為了談話節目與大自然紀錄片而情勢緊張之際，幸好遙控器在我手上。太太雖然稍微瞪了我一下，但我絲毫沒有把遙控器交出的想法。然而，就在此時，原本在沙發下組裝樂高的兒子突然跑了過來，以閃電般的速度，將我手中的遙控器使勁拉走，交給了媽媽。

「媽媽，給妳。」兒子得意洋洋地把遙控器遞給媽媽，太太則露出滿意的表情。

「好啦，你們就是一夥的。」話雖到了喉頭，但終究還是吞了回去。我大概也心知肚明，因為兒子的推波助瀾，只能接受緊繃的局勢一面倒的殘酷現實。

我故意佯裝沒事，泰然自若地說：

「哇，我現在是被排擠啦？」

然而，接著回答的太太，在我沉痛的胸口補上了最後一槍。

「哪有，你被排擠很久了，只是你不知道而已。」

為了形成健康的家庭關係，就必須將三角關係屏除在外。即便夫妻發生衝突，感到焦慮不安，也不能為了解決問題，將第三者拉進來，形成三角關係。三角關係會使夫妻爆發衝突，阻隔化解的機會，對根除問題沒有任何幫助，只會造就許多成為代罪羔羊的家庭成員罷了。

想超越父親的兒子

我們夫妻倆，因為留學生活忙碌，很晚才有了孩子。妹妹的兒子都已經國三了，我們家兒子才小學三年級。在年紀大的爸媽底下受盡寵愛的兒子，自然地成了我們家的老大。我最大的煩惱之一，就是在兒子面前，爸爸說的話完全不具分量。最近我開始天馬行空地想像，兒子將來會變成什麼樣子。

「爸爸、媽媽都是教授，那你長大後也去當教授？」

儘管我們夫妻倆隱約懷著期待，但詢問之後，兒子的回答總是很無厘頭。

「當教授是不錯啦，但想到要念書就很頭疼。爸爸，我想要在附近開文具店就好。」

的確，即便心想著，能對才小學三年級的孩子期待什麼呢，但聽到孩子既無抱負，夢想又不怎麼牢靠，仍不免有些失望。

想令新的一代有所成長，就必須跨越一座山，那就是「父親」。希臘神話中的萬神之首是宙斯，而身為奧林匹斯支配者的宙斯，與其兄弟波賽頓、黑帝斯為希臘神話的主軸。三兄弟戰勝曾是世界支配者的父親克洛諾斯，並將其身體大卸數塊，靠著擁有他的身體，才得以成為神話的主角。新的一代要成為世界的主角，就必須透過打敗象徵舊時代的父親，由此也衍生出「勝過父親者，能成為下個世代的主角」的信念。若觀察西歐今日的心理學，可發現其中仍存有兩千多年前希臘人的各種思考體系。

☺ 帥氣魅力男的共同點

兒子想超越父親，女兒則想成為跟媽媽一樣。不，是成為比媽媽獲得更多愛的女人，佛洛伊德稱此現象為「伊底帕斯情結」。

由於父親太過出眾，實在難以超越，令兒子感到絕望不已。超越父親原本是潛意識中追求成功的重要動機，但自我放棄的兒子，從此變得怠惰而無精打采，最後在父親的成就下安逸度日。

對兒子來說，父親是一個會隨時刺激其勝負欲的競爭者，兒子也會因此更加出色。不過，在此同時，父子亦為超越競爭的同伴關係，所以兒子會想獲得父親的愛與肯定。兒子想超越父親，不單純是因為勝負欲，而是為了獲得父親的認同。當兒子受到肯定，便會獲得極大的滿足感。

發展「家庭系統排列療法」的德國家庭諮商師伯特・海靈格（Bert Hellinger）發現，具有魅力的男人都有固定的共同點。魅力男通常與父親維持良好關係，很尊重父親，但另一方面，潛意識中又具有想超越父親的渴望。這種尊重與渴望，會提供兒子追求社會成就的動機，並培養出建立豐富人際關係的圓融能力。因為與父親所建立的良好關係，使兒子獲得信賴與穩定感，也為其帶來了自信。擁有高度自信、信賴自己情感與想法的人，自然會受到他人的注目與良好評價。這樣的魅力男，還會向身邊親近的人吐露心聲，建立起有深度的友情。他會懂得尊重他人、珍惜關係，以真實的自己面對他人，不會為了配合周圍的期待，就以謊言來包裝自己或虛張聲勢。所以，佛洛伊德認為男人在成長期和父親建立的關係非常重要。根據關係的狀態，他可能成為帶有心理疾病的成人，或者相反，成為在工作與愛情中自信滿滿的成功人士。

然而，在建立父子關係上頭，握有成功之鑰的人不是兒子，而是父親。這是一種人生的困境。童年與父親建立良好關係，在沒有創傷的環境下成長的人，成為父親之後，也很可能和自己的兒子維持穩定關係。相反地，因兒時的心理陰影，造成心靈創傷與傷痛，或者與父親之間的關係曾碰到困難，就有可能不自覺地將自己的經驗代代相傳下去。當然，也有不少例外。儘管童年時期過得不美滿，但只要好好接受自己的傷口，追求不同的人生樣貌，就有可能建立起有別於自己成長過程、成功的父子關係。

☺無法受父親肯定的兒子

韓國的父親之所以很難成為「好爸爸」，原因在於韓國是世界屈指可數的長工時國家。根據2010年經濟合作暨發展組織（OECD）的統計，韓國工時為二千兩百五十六小時，比國家平均工時一千七百六十四小時多出了四百九十二小時。這肯定不是個小數目。即便是二十四小時不停工作的機器人，也要工作二十天才行。若以一天八小時的工時來算，那就是超過六十天了。何止這樣，下班之後還有各種工作上的聚會和聚餐。即便最近工時縮短了一些，其他負擔卻增加了。在社會安全網不足的現實環境下，為了不丟掉飯碗，還得投注心力在自我潛能開發上。

現實如此，透過和子女討論他們關心的事物、陪他們一起玩、分擔家事等合力經營家庭和體諒的行為，甚至更進一步，扮演教導子女社會性的父親角色，最後都成了旁枝末節。若社會整體氛圍無法改善的話，在我們子女那一代就會發生許多問題。家庭的繩索會逐漸鬆脫，而青少年的問題也會演變成嚴重的社會問題。在他們最需要愛的時候，卻無法獲得父親的關心，子女會認為自己對父親而言是毫無價值的人。知名的發展心理學者皮亞傑（Jean William Fritz Piaget）稱孩子為「認知上的外星人（cognitive aliens）」，他們擁有絕對性的思考，也就是「全有或全無」的兩極性思考模式。父親是因為忙碌而未對孩子表達關心，但孩子卻將其視為不愛自己的表現。又或者，萬一父親拋棄了我，所有人也都會拋棄我。當孩子快速成長的過程中，他所需要的依附需求無法徹底被滿足，那麼長大成人之後，受傷的內在小孩仍會對其造成影響，他會採取消極與缺乏自信的態度來面對世界。遭到父母拒絕，或者父母無視自己存在的這些人，會帶著一輩子的焦慮，無法在自己的人生中發現正面積極的意義，成為一個不屬於任何地方的局外人，辛苦地活下去。

兒時不管做什麼，都無法受到父親肯定，在漠不關心的父親底下長大的兒子，當他自覺到，無論他再怎麼努力，父親都不會放在眼裡，那一瞬間，他的焦慮將會轉變成對父親的憤怒，甚至和母親站同一陣線來攻擊父親。而父親自然也不疼愛那樣的兒子，他會認為兒子是個壞孩子，兩人間的衝突也日漸加深。為了彆扭的父子關係而前來諮商的人們，有許多人便是這種類型。

心理學者馬茲（Hans-Joachim Maaz）認為，局外人、霸凌、愛哭、愛抱怨、經常發怒、習慣講他人壞話而被討厭的人，其根源在於童年有過被父母拒絕的經驗。無法受到父母歡迎、遭受拒絕的子女，會把自己當成擁有不幸命運的「阿特拉斯（Atlas）*」，必須背負世界的重量、屈身過活。有時，這種人會為了成為受眾人歡迎的人物，散發出遠超乎他人的能量。倘若這正如他所願，那也就罷了，但實情並非如此，因為這只是潛意識想要獲得父母的肯定所致。

無論是被周圍的人視為討人厭的人，或者內心深處帶著被害意識，費盡心思想受到注目的人，他們的不幸都是相同的。若父親們能意識到這點，不管環境有多麼惡劣，都得多花心思在家人身上，尤其是跟子女相處的時間。

與和子女的相處時間一樣重要的是「相處時扮演的角色」。因為無法經常和子女接觸，在不知不覺中，父親總是在和子女相處時，有教導、訓誡或評價子女行動的傾向，但這只會帶來副作用。只要時機到了，兒子就會懂得超越父親的方法。因此，比起當下試圖教導子女，更需要和子女產生共鳴，以及靜觀其變的智慧。

兒子因為沒有其他兄弟姊妹，所以希望我能夠扮演朋友的角色。每天下班回家之後，就會發現他已準備好玩具在等我。與兒子遊戲時，我的心中有一個規則。我們會玩陀螺、足球、摔跤等各種遊戲，但在決定性的瞬間，我會刻意輸給兒子。若是我不小心忘了這原則，在遊戲中獲勝，兒子就會憤慨激昂地說，再也不跟爸爸玩了。因為兒子從贏過爸爸的體驗中，能獲得刺激感，同時也能盡情享受遊戲的樂趣。說不定兒子還會認為，爸爸是與自己遊戲時老是輸掉的人呢。我認為，扮演輸掉的角色並不壞，因為對象是兒子。想在遊戲時輸給兒子也有要領的，要先適當主導，或營造出勢均力敵的遊戲戰況，最後在決定性的瞬間輸掉才行。此時兒子的欣喜之情便會加倍。不管何時，兒子都

＊阿特拉斯是希臘神話中的人物，是早宙斯一個世代的十二位泰坦神之一。根據紀錄，他是一名風骨峭峻的巨人。與泰坦族發生激戰後，最後獲得勝利的宙斯，降罪於身為泰坦族的阿特拉斯，令其「一輩子以雙肩支撐蒼天」。

想勝過父親、超越父親。父親輸給兒子，並不是無能或不足的表現，而是為了某一天，兒子真正能超越父親的那一瞬間，積極地給予兒子幫助，。

今年過年時，我發完紅包後，兒子用著異常嚴肅的表情說：

「爸爸，我重新想了一下，教授好像比文具店老闆更好。」

仔細想過爸爸說的話，果然就是不一樣，於是我摸了摸兒子的頭。不過，下一秒兒子說的話，又再度令我啞口無言。

「所以啊，那我可以繼承爸爸坐的教授位子嗎？」

啊，這小子的厚臉皮跟無厘頭已經遠遠超過他老爸了。

不是遺忘了，傷口就能復原

歐洲與亞洲不同，精神科或心理諮商相當活躍。就如同我們生病時，自然得去醫院，內心產生衝突時，就不帶任何成見地求助專業的諮商師。然而，對家庭諮商或心理諮商的概念尚未一般化的亞洲而言，狀況就不同了。在人們真正敲諮商室的門之前，通常會猶豫個兩、三次。即便躊躇再三，最後好不容易找上門來，但等到真正和諮商師面對面時，又有許多人會試圖隱藏自己。

「我喔，小時候什麼問題都沒有，父母也很和藹可親，家境也算不錯。」

接受諮商的人如此說時，其實會令諮商師很洩氣，因為這樣很難偵測問題的原因在哪。要是再多聊一些，就會發現個案在中學以前的記憶似乎都被抹去了，要不就是沒有特別想起什麼小時候幸福或悲傷的事。到了此時，大概就可以推測出，來諮商的人防衛什麼。

童年沒有什麼問題，可是為什麼想不起來呢？大部分都是因為自己還沒準備好面對童年的嚴重創傷。因為創傷太深，自己承受不了，於是為了擺脫痛苦，乾脆就將記憶給抹去，甚至扭曲記憶，將不和睦的家庭美化成美滿的家庭。越是渴望自己生長在平凡的家庭，記憶扭曲的程度就越嚴重。人類的記憶就像這樣，不僅不完整，有時還能捏造。只是，抹去或扭曲創傷的記憶，不代表就能遺忘痛苦。佛洛伊德就將人類為了保護自己免於受到傷害，潛意識中使用的思考或行動方式稱為「防衛機制」。

我們所使用的防衛機制，成了遺忘傷痛或擺脫痛苦的工具。但是，防衛機制無法完全解決我們的創傷。只是暫時保護我們，免於受到創傷的打擊，而且還反而會帶來創傷長期持續的副作用。

☺不自覺啟動的防衛機制

夫妻間產生問題時，經常使用的防衛機制之一，即是將自己的心理投射到對方身上。投射是指對方對自己的情感，就和自己對那個人的情感一樣。簡單來說，就是我討厭某個人的話，就會認為對方也討厭我。自己感到疲倦時，就會將那股疲勞的情感投射到對方身上。「你看起來很累耶。」夫妻倆一起看電視或電影，中途感到無趣時，不會說「我好無聊喔。」而是會說「你看起來好像很無聊。」真正感到乏味的是自己，卻說得好像是對方的感受一樣。如果夫妻之間投射的情感只是疲倦、無趣，那至少還能忍受，但如果是憤怒、埋怨、敵意等，那就很難容忍了。

丈夫對工作上頗具姿色的年輕女同事產生了偷情的慾望，但他反而將不安的情緒投射在家中的太太身上，追問太太是不是有了喜歡的男人。俗語中的「五十步笑百步」說的也是投射作用。被配偶當成情感投射對象之人，則會有如晴天霹靂般感到委屈。不過，無論自己如何喊冤，配偶都聽不進去。

比投射更進一步的防衛機制是「認同」，這尤其常發生於家庭內。這是認為對象與我相同的現象，而特別寵愛子女的父母多少都擁有這種傾向。

韓俊就只有小自己一歲的妹妹。韓俊的父母那一代通常不太能擺脫重男輕女的思想，但韓俊的母親卻恰好相反。母親總是偏袒妹妹，女兒就像家裡的公主一樣，只要是母親能做到的，她都會替女兒去做。直到高中畢業，韓俊從來沒上過家教，也沒見過補習班長什麼樣子，反觀妹妹，接受了鋼琴、美術等才藝教育，又是家教、又是補習班的。儘管內心感到失落，不過念書也比較沒壓力，韓俊也落得輕鬆。後來，就在自己和妹妹上大學時，發生了令他認為「啊，這樣不對吧」的事。

直到上了高中，韓俊才對讀書產生了興趣，但因為基礎沒打好，大學入學考試成績並不理想。要是他重考的話，成績肯定能大幅提升，所以他向母親表明了自己重考的意願，結果挨了一頓罵。母親斬釘截鐵地說：「沒有重考這回事。」無法說服母親的韓俊，只能放棄想上的大學，填寫其他志願。隔年妹妹應考時，情況就不同了。按平時的成績，妹妹應可考上E女大的生物系，但成績卻未達到標準。而母親以「妳還年輕，一年的時間不算長。」的說法，鼓勵妹妹重考。最後，妹妹完全按照母親的志願，填寫了大學和科系。韓俊心想，自己也不是撿來的孩子，但他實在無法理解母親的態度。隨著韓俊邁入婚姻，他認為自己擺脫了母親不當的態度，沒想到真正的問題卻在婚後發生。

婚後數年，韓俊買了房子。因為出社會沒多久，有一半的買房資金是由母親出的，剩下的得靠韓俊的積蓄與銀行貸款。雖然母親叮囑，這些錢是借給他們的，以後要償還，不過年紀輕輕就有自己的房子，仍讓韓俊喜不自勝，在每天打掃家裡的太太面前，似乎也有了面子。只是，幸福沒有維持很久。處於適婚年齡的妹妹有了對象，兩家父母見面之後，也隨即決定要挑選結婚的好日子。有一天，母親將韓俊夫妻倆叫到家裡，韓俊從母親口中，聽到了晴天霹靂的消息。母親說，既然妹妹遇到了好對象，家裡得替他們準備新婚房做為嫁妝，要求韓俊他們立刻償還先前借給他們的那筆錢。依照韓俊的處境，除了轉賣房子之外，沒有其他能籌到一大筆錢的方法。也就是說，這等於是媽媽為了給妹妹買房，要求身為哥哥的韓俊賣掉房子。「你們家真的好奇怪。」到了這一刻，太太也將先前吞下的委屈，一口氣宣洩出來。而韓俊兒時因差別待遇所造成的創傷，也瞬間湧現。

這是源自於母子衝突加劇，導致婚姻亮起紅燈的故事。為何韓俊的母親獨獨偏愛女兒呢？原來這位母親生長於兄弟眾多的家庭，從小就無法得到父母關愛，並且總是受兄弟們所排擠。雖然兄弟們都上了大學，但身為女兒的自己，必須放棄上大學，一邊工作賺錢，好成為他們的經濟後盾。經歷此過程的母親，基於補償自己委屈的心理，因此唯獨偏愛女兒。這位母親便是將女兒視為自己的化身，並藉由女兒來化解往日的創傷。

在家庭內，透過「認同」來化解自己創傷的行為不計其數。從法學院或醫學院的學生身上，經常可以看到消極被動的樣子，彷彿他們過的是別人的人生。這是因為父母將自己的慾望投影在子女身上，以化解過去缺乏金錢或權力而留下遺憾的過去。然而，以這種方式解決過去傷口的行為，會造成家庭內的另一個創傷。母親雖為保護受傷的自己，向女兒奉獻了一切，卻事與願違，造就了另一個家庭的代罪羔羊。

☺把家人當成自己的化身？

最複雜的心理防衛機制，即是將投射與認同加以混合的「投射性認同」。這是從他人身上牽引出與自己相同的危險特性，再藉由操控對方，控制自己的衝動。此時，對方便成了自己的情緒分身。

有時會碰到這樣的女子，隱約地誘惑男人，使對方受自己吸引，然而當對方接近時，又說討厭對方而跳開。此時男人感到驚慌失措，彷彿自己是令人厭惡、緊追女方不放的跟蹤狂。這個女人的潛意識中，是烙印了「被跟蹤狂折磨的善良代罪羔羊」的形象。因為某種痛苦和恐懼，使自己在愛著某個人時會感到不安。當男人懷著好感積極接近自己，便把對方當成邪惡之人或跟蹤狂，使自己內在的焦慮成為現實。「看吧，難怪我會覺得不安，現實狀況不就是如此？」這種防衛機制是透過操縱對方，使焦慮成為現實之後，再將自己的想法合理化，用來控制情感。

儘管程度不同，但有些人會依自己的情感操縱對方。像是拿雞毛蒜皮小事對無辜的家人發火，也與這個息息相關。這種情況，多半是先拿小事來對配偶或孩子找碴，等對方上鉤之後，再集中火力發洩，以紓解自己的情緒。

有個爸爸在公司遇上了不愉快的事，帶著滿肚子氣的狀態回到家。換作是其他日子，看到就讀小學的兒子在看電視，他不會多說二話，但這天他卻對兒子挑三揀四。「你作業都做完了嗎？」他吼道。聽到爸爸沒來由地大小聲，心情低落的兒子沒好氣地回答：「看完這個就去做。」其實兒子總是看完電視後才寫作業，但兒子不滿的口氣令爸爸更加生氣。「你對爸爸是什麼態度？」察覺情勢不對的兒子，於是不情願地關掉電視，回到房裡做功課。只是，書和筆記本放在眼前，兒子的心中，卻隱約對爸爸無法理解的舉動產生了埋怨與憤怒。

每個家庭至少都發生過一兩次這樣的事吧？爸爸讓兒子的心中產生了與自己相同的憤怒情緒。為了消除被主管擺布的不快情緒，於是爸爸強迫兒子去寫作業。爸爸無法自行消化負面情緒，反而將兒子當成自己情緒的化身，透過他來紓解自我情感。倘若「認同」是把對方當成自己，再單方面地提供愛恨情仇等情緒，那麼「投射性認同」即是將我的精神與情感狀態複製到對方身上。相較之下，後者更為複雜，要治癒也同樣不容易。

當投射性認同成為習慣性的防衛機制，所有家人將陷入痛苦之中。家人之間會在潛意識中互把對方當成化身，表現或消除自己的情感。最後卻越來越搞不懂，自己的憤怒究竟源自何處，躲藏在背後的操縱者是誰，實際意圖又是什麼。為什麼討厭對方？為什麼一起生活會感到痛苦？痛苦是從哪裡開始的？彼此就在完全搞不懂的狀況下變得更錯綜複雜，並在生活中互相造成傷害。

☺為行動模式賦予名字

難道就沒有方法擺脫家庭中經常出現的投射、認同與投射性認同嗎？

瑞士的兒童心理學者，同時亦為兒童懲罰與虐待的世界性權威愛麗絲・米勒

（Alice Miller）曾說，如果我們要真正從創傷中復原，就必須了解用來迴避痛苦的無數防衛機制。

夫妻會將童年的創傷原封不動地帶進婚姻。而防衛機制是我們童年面對問題時，自己在無形中長期使用的習慣。防衛機制僅是鈍化情感的臨時手段，無法解決我們的痛苦情感。

唯有「帶著意識」去認同並接受該事實，才有辦法正視問題。為此，觀察家庭關係中的一定行為模式將會帶來幫助。因為家庭總是在一定的框架內建立關係、進行溝通，找出家人之間建立的模式，並為其中出現的各種防衛機制賦予名字，就能消除其副作用。在家庭心理學中，區分事物或現象，再為其賦予名字，是極為有效的解決方法。

童年的傷痛會留下痕跡

童年的不幸經驗會在我們身上留下痕跡。與父母的關係或家庭氣氛等童年經驗，會扮演指引我們人生的角色。不管它是正面或負面，我們的人生都會隨著經驗而決定大致的方向。這是因為現在的情感或行動，均受到了過去情感與行動的影響。童年的創傷或有所匱乏，可能會影響人的一生。嚴重時會導致當事人的認知與情緒機能麻痺，使身心充滿負面情緒。為了保護自己不會因此倒下，我們的潛意識會欺騙自己，或者用不同方式來解讀情況。此種保護自己免於情感傷害的心理意識或行為，就稱為防衛機制，而它又分「原始防衛機制」和「成癮防衛機制」。

☺原始防衛機制

「原始防衛機制」包括壓抑、否定、反向、退化情感、轉移、昇華、憤怒等。各位可了解一下，自己平時使用了哪些防衛機制。

1. 壓抑

潛意識壓抑痛苦、不快與慾望。嚴重時，會暫時遺忘或忘掉令自己感到痛苦的約定與事件。好比說忘記去參加討厭的聚會或遲到。

2. 否定

否定是嘗試欺騙自己，直到最後都不想承認痛苦的現實。人們會說「絕對不可能那樣」來否認現實，並且只相信自己想相信的。比如說，深愛的人過世，或者遭受背叛時不願接受事實。

3. 反向

採取和自己情感相反的行動或態度。明明喜歡對方，卻折磨對方或故意找碴，都是其中的例子。

4.合理化

防衛機制中最常使用的方法。為了不再對現實感到失望，替自己的行為或想法找到正當化的理由。像是伊索寓言裡頭，狐狸費盡心思想吃到香甜可口的葡萄，最後在失敗之餘，便說了：「那葡萄肯定是酸的」。

5.退化情感

是指受到極大壓力或面臨困境時，使用童年的行為模式來減少焦慮。舉例來說，小孩子在有了弟妹時，會產生壓力，做出孩子氣的行為。如果是成人，受到責備時則會頂撞對方，或者因過度陰鬱，將自己關起來。若是深愛的人不按照自己想要的方式去做，就會認為對方不愛自己，或者事情無法盡善盡美，就認為自己是毫無用處之人。為了獲取某樣東西，他們會採取哭鬧或失控等不成熟的方式。

6.轉移

將對某人的情緒，發洩到毫不相干的人身上，俗諺「火燒厝，燒過間」即是一例。大部分的人經常使用此防衛機制，特別是會將怒氣發洩在無反擊能力的弱者身上。在維持匿名性的大馬路中間橫行霸道，或者認定是其他駕駛者的失誤而進行報復行為；夫妻吵架後，藉由對子女大小聲來消氣；將公司受到的壓力帶回家中，發洩在太太和子女身上，或者過度反應等都屬於此類。

7.昇華

將社會上無法接納的性或暴力衝動，轉移到其他對象與表現方法上。成熟的防禦機制，能使具有攻擊傾向的人，將自己的攻擊能量傾注於學問上並取得成果。佛洛依德認為，昇華這個心理機制，使所有藝術與文化成為可能。他曾說，達文西的〈蒙娜麗莎〉便是以藝術的角度將同性愛的衝動昇華後創作的作品。

8.憤怒的內射作用

知道把自己的憤怒發洩在他人身上，是既危險又無法被允許的事，於是便將憤怒轉向自己，進行報復與自我破壞。認為自己虛度時光、浪費自己的才能與機會、懶惰和迷惘，將自己逼至絕境，最後還可能會採取自殺行為。

☺成癮防衛機制

就像傷口深，會留下疤痕，身心也會留下尚未消除的創傷。若童年遭受精神上或身體上的創傷，就會以不合理的想法來自我防衛。「這件事會發生在我身上，是因為我是個壞孩子。」、「沒有人愛我。」、「我是無法獲得愛的孩子。」帶著這些想法的孩子，帶著更深的傷口生活著，並形成了根深蒂固的羞愧感。家庭治療師約翰．布雷蕭（John Bradshaw）曾說，羞愧感乃是成癮的原因。如果說，罪惡感讓我們瞭解到自己犯了錯，羞愧感則是令我們感覺到自己本身就是個錯誤。孤單、悲傷、焦慮、恐懼、憤怒、憂鬱等其他情感，也會伴隨羞恥心感而來。在這裡頭，最強烈的情感即是憤怒。受傷的孩子雖相信自己不得不承受傷害，但內心深處卻對此懷有憤怒。一旦憤怒變得根深蒂固，就會通過成癮行為來表現。

克莉絲汀．寇威爾（Christine Caldwell）曾說，為了解決身心殘留的創傷，離開「此時此刻」的身體，這種現象就稱為「成癮」。成癮是受創的童年時期所形成的固定身體反應，它能帶來快樂的經驗，擺脫創傷。意即，成癮是一種代替物。而人們則靠依賴酒精、尼古丁、賭博、遊戲、性等來脫離自己的身體。成癮的特性在於循環，而我們的身體會透過此循環逐漸習慣它。然而，問題在於，就在逐漸產生抗藥性的同時，成癮成了束縛自己的監獄，而非治癒傷痛的工具。

據說十個現代人之中，就有七個處於不同的成癮狀態。根據創傷專家貝塞爾・范德寇（Bessel A. van der Kolk）的說法，成癮乃是人們為解決自己的傷痛所使用的「自我治療」。只是，成癮卻為企圖解決創傷的人及其家庭帶來更多情緒與心理上的痛苦，並在此過程中再度造成傷害。

成癮防衛機制，能讓我們很快就感覺不到內在的受創情感。大部分的成癮者，都帶有童年的傷痛。為了保護自己，並逃離痛苦的情感，他們才會選擇成癮行為。

☺成癮會壓抑情感

性成癮是現代社會逐漸增加、造成嚴重社會問題的症狀，它指的不是單純喜歡異性和性行為，而是為了將負面情感轉換成正面情感、解決壓力而執著在「性」上頭。同時，心情好或完成某件事時，甚至會靠性行為獎勵自己。性成癮的基礎來自於性幻想、自慰、色情作品。性成癮者會透過幻想來延續成癮症狀，並持續想到有關性的一切。正常的人雖會從有魅力的人身上感覺到性吸引力，但那想法很快就會消逝，然而性成癮者的念頭卻會持續下去。性成癮者其實是對性幻想成癮，為了讓自己入眠，他們躺在床上時，會靠著幻想來消除當天的緊張和壓力。先創造出性幻想的形象，再想像滿足自己欲求的行為或自慰。甚至實際與某人進行性行為時，腦海也會浮現自己所創造的性幻想對象，藉此消除自己的受創情感。性成癮者大概是因為無法從父母或周圍的人身上獲得溫暖的愛，因此撫摸自己的身體便成了唯一的身體接觸。

想擺脫性成癮，就必須打破「我唯一能依賴的就是性」的信念。首先，必須停止幻想，放下透過幻想來淨化情感、應對壓力的方法。第二，必須治癒傷口。性成癮者想遺忘的痛苦情感，來自於他的家庭。他必須回憶起在家中受到的虐待與衝突，並處理自己受壓抑的情感，找出那些太過痛苦、害怕被想起的事情。有一位性成癮的女性，花了兩年才找回自己曾受父親侵犯的記憶。虐待越是嚴重，復原的時間也就越長。

☺擺脫防衛機制之路

世界級的兒童心理學者愛麗絲・米勒（Alice Miller）曾說，處理防衛機制需要兩項條件。首先，必須和童年的創傷面對面。還有，必須弄清楚，為了逃避痛苦所建立的無數防衛機制。防衛機制只會抑制我們痛苦情感與記憶，而非解決之道。透過防衛機制壓抑的悲傷、絕望、憤怒、恐慌、無力、恐懼、羞恥心、罪惡感等內在痛苦情感慢慢流瀉出來後，才能幫助自己說出發生的事。

不幸的童年使我們成了在沙漠中拼命求水之人。可是，我們無法在沙漠找到水。長時間下來，便會更迫切地在沙漠中徬徨。但事實上，我們應該要找出逃脫沙漠的方法，而不是為了尋找水源，持續徘徊於沙漠中。而心理治療便是幫助心靈受創者走出沙漠的方法之一。

透過治療，能夠自行調節童年經驗對目前人生造成的影響。現在如何看待及使用過往的傷口，其所造成的強度也會有所差異。藉此，我們能夠慢慢地放下潛意識中為了保護自己而使用的防衛機制，並進一步擺脫成癮的防衛機制。

Part 4

創造幸福家庭的7種練習

家庭是縮小版的世界，
想要改變世界，就得先改變家庭。
家庭就如同冰山，
所以水底下必然存在著巨大的冰塊。
也就是說，家庭的命運
取決於理解彼此散落於日常生活的感受與要求。

——薩提爾（Virginia Satir）

練習 1：告別自我苛責，才能好好愛自己

我至今仍忘不了，小學一年級時，曾在聖誕節收到玩具槍禮物。冰冷光滑的觸感、沉甸甸的重量、握在手上的感覺，一切都令我感到滿意，我就好像成了電影主角。興奮之餘，我跑到附近的巷子去向朋友們炫耀，說昨晚聖誕老公公給了我這個超棒的禮物。看到圍在我身邊的朋友露出欣羨的表情，我更開心了。可是，卻有個孩子潑了我一桶冷水。

「那個，不是聖誕老人給你的，是你爸爸晚上偷偷放的。」

我朝著這個討人厭的傢伙狠狠地說：

「你亂講，是因為我做了很多好事，聖誕老公公才會給我禮物，這就是證據。你每天搗蛋，聖誕老公公才會什麼都沒給你。」

還有，回家的途中，我有些不是滋味。起初的興奮感消失了，心中產生了疑惑。

「這玩具槍真的是聖誕老公公給我的嗎？他怎麼知道我想要這種玩具槍呢？」

去年聖誕節，我暗地裡為兒子準備禮物時，想起了兒時的記憶。在我小時候，也有很多孩子不相信有聖誕老人。如今世界如此險惡，我不禁心生好奇，我的兒子果真會相信有乘著麋鹿雪橇、在煙囪上頭飛翔的聖誕老公公嗎？然而，我的擔心是多餘的。早上起床後，發現聖誕禮物的兒子，興奮地歡呼聖誕老公公來過，在房裡跑來跑去。看到兒子的單純模樣，也讓我放下了心中的大石頭。

孩子的幻想與夢，會透過父母的細心呵護與幫助而維持下去。我曾在電視上的聖誕節特輯看到，有個孤兒冷靜地說，自己不相信聖誕老人的存在。記者問他原因後，孩子回答：「因為我從來都沒有收過聖誕老人的禮物。」小時候說世界上沒有聖誕老人，嘲笑我的朋友們，大概也是因為自己不曾收過聖誕節禮物吧。惡劣的現實環境很早就帶走了孩子們的幻想與夢想，幻想與童話的世界，則會成為保護孩子脆弱自我的防禦機制。孩子與成人不同，當他們接觸到世界的現實，很難承受得住，但透過童話與幻想，他們脆弱的自我就能受到保護。

☺愛自己能戰勝所有悲傷

所有人類都需要健康的自戀（Narcissism）。自戀是指「我是個不錯的人」這種自我感覺良好的狀態，它會在幼兒期透過父母（尤其是母親）來形成。從心理學的角度來看，孩子三歲之前，最需要的人即是媽媽。若是在此時期無法和媽媽形成依附關係，那麼往後不管是任何人，都無法彌補這個空缺。

處於幼兒期的寶寶不具有自我意識，他們並不曉得自己是與他人有別的一個生命。所以即便望著鏡子，寶寶也不曉得反射在鏡子中的就是自己。讓寶寶知道自己是誰的人就是媽媽，孩子會透過「母親」這面鏡子看見自己的模樣。因此，當這個時期的孩子，望著媽媽的臉龐，他看到的不是媽媽，而是自己。亦即，媽媽的表情讓寶寶有了自我認同。媽媽笑的時候，寶寶會模仿，跟著媽媽笑。若媽媽鬱鬱寡歡，寶寶也會面露憂鬱。寶寶會經由媽媽的表情看見自己與世界。媽媽笑的話，寶寶會感覺自己備受疼愛。若是媽媽抱他、哄他，寶寶就會感到很安全。當媽媽對寶寶的要求做出反應，寶寶就會認知到自己是重要的存在。可是，如果媽媽不笑、也不哄孩子或抱孩子，寶寶就會認為自己毫無價值。

滿周歲到四歲之前的孩子極度容易受到傷害，孩子必須在這時期從父母無條件的愛與關懷中發展出健康的自愛。受到父母足夠的愛與細心呵護的孩子，會自然而然地形成對自己的愛，他們會感到自我滿足，並且在幻想與夢的世界展開盡情想像的翅膀。通常這種模樣會透過孩子的想像遊戲展現出來，儘管從父母的角度看來可能有些可笑，但這是極為正常且重要的過程，它也會成為孩子往後戰勝恐懼與絕望的燈火。

1995年三豐百貨公司倒塌時，在時隔十七天後被救出的朴昇賢便充分展現了自愛的重要性。數千名顧客湧入的江南大型百貨公司，如同沙塔般在短短二十秒內倒塌的衝擊性意外中，共有一千四百名以上的傷者。儘管有救難小組出動，但在龐大水泥堆內尋找生存者的作業速度十分緩慢。建物倒塌十七天，就在大家心想是否還有生存者之際，在意外發生後的第三百七十七小時，救出了一名女性。獲救的即是當時十七歲的昇賢。在意外發生現場，她連身體都無法隨意移動的狀態下，被困了十幾天，靠著雨水維持生命，最後奇蹟似地獲救。有位記者詢問昇賢如何熬過這段艱辛的時間。儘管昇賢在飢餓與極度恐懼之中反覆睡睡醒醒，但她自始至終都不曾放棄希望。她回答，讓自己撐下來的力量，便是童年的幸福回憶。她想起和家人一起旅行、共度的幸福時光，戰勝了對死亡的恐懼。童年從父母身上獲得的溫暖與愛，還有快樂時光，成了克服恐懼與悲傷的重要力量。同時，這也是形成自愛的根源。

☺健康的自愛，與自尊感有關

相反地，遭受父母拒絕、未能獲得充分的愛，導致自愛不足的孩子，在面對世界時，很容易受傷並感到挫折。在自愛脆弱與受損的狀態下，為了避免再度受傷，便經常會展現出退縮的面貌。

不曾獲得愛的人，無法形成健康的自愛，愛人的能力也會不足。因為消除壓力的能力降低，變得容易受傷，也總是渴求他人的愛與關心。此外，為了填補那股欲求，自己會顯現出企圖操縱與壓榨他人的傾向。他們會同時帶著自我不信任感與自卑感，加上信心不足，對權力也就更加執著。當自己行使的權力受到質疑或岌岌可危時，便會瞬間喪失理性。只要稍微不順其意、面對輕微批判或攻擊，就會立即火冒三丈地攻擊對方。這是為了產生「我是個不錯的人」的自我認同所做出的努力。然而，儘管他們竭盡全力想獲得自愛，終究徒勞無功。雖然很令人遺憾，但童年缺乏愛的人，是無法輕易靠自己的努力來填補。

自愛對於女性減重也有很大的影響。有一位女性總在暴飲暴食後，因體重增加而自責不已。在不斷與其他纖瘦的女學生比較之下，感覺自己一無是處。產生壓力後，又會因深陷痛苦，造成暴飲暴食的惡性循環。真正折磨這位女大學生的不是體重本身，而是不夠愛自己。

健康的自愛與穩定的自尊感有關。自尊感是指對自己的全面性評價，它會對我們所做的各種決定造成影響。心理學者阿德勒曾說：「自我評價低落的人，會不斷地和他人比較，也因此更覺得自己很差勁。」家庭治療師薩提爾也指出，家庭問題即是源自於夫妻的低自尊感。夫妻倆人的低自尊感，會造成溝通上的困難、引發衝突，並再度對自尊感造成傷害。

夫妻吵架後，聽說會湧現二十多種情感。憤怒、埋怨、後悔等是最常見的，最後還會湧現自我貶低的情感。自我貶低是指抱持著「那是當然的了，我還能怎麼樣呢？像我這種人……」的心理，使最後剩餘的自尊感蕩然無存。此時，家庭衝突便展開了悲劇般的惡性循環。

☺我的體內存在著「苛薄鬼」

形成健康的自愛與自尊感，最重要的即是童年父母的角色，父母必須成為孩子的正向鏡子。根據父母看待孩子的眼光，子女會對自己產生不同的價值感。在四十年間接觸逾兩萬名的兒童個案、英國的小兒科醫師兼精神分析學者唐納德・威尼科特（Donald Winnicott）曾說，想讓孩子形成健康的自愛，就需要有擁抱孩子、對孩子一視同仁、適當接受孩子欲求的好父母。這裡所說的好父母，是指盡全力扮演好「自己角色」的爸媽。時而犯錯但願意修正的父母，會比完美無缺的父母更好。

沒有人打從一開始就缺乏自愛或自尊感低，那都是在不幸的童年錯誤學習的結果。薩提爾指出，擁有低自尊感的家庭特徵在於負面思考，想要擺脫低自尊感，我們就必須去發現在內心斥責、打擊自己的自我。

我們的心中，存在著將自己錯誤放大並加以指責的苛薄鬼。只要想做某件事，他就會對你說，「你辦不到的」、「就算做了也不會成功」，一再強調不好的一面。這個苛薄鬼會引發過度負面的思考方式，並造成士氣低落、憂鬱與無力感。

我們內在的苛薄鬼主要會說這些話：

你沒有資格被愛。
你這副德性，到底是像誰？
真受不了你！
以後想做什麼啊你？
你真沒出息。
什麼時候才會懂事啊？
別再說廢話了！
你懂什麼？
這一切都是你的錯。

把折磨內心的苛薄鬼所說的話收起來吧。儘管要正面去面對這樣的指責令人痛苦，但為了擺脫它，就必須好好檢視內在的自己。往後當苛薄鬼再度口出惡言，就從心裡朝他大喊「夠了」，並且區分清楚，那只是苛薄鬼的聲音，而不是自己真正的聲音，慢慢地將長期共存的苛薄鬼的聲音與自己分開來。如此一來，我們體內的苛薄鬼便會逐漸消失，自愛與自尊感也會慢慢恢復。

☺能夠恢復自尊感嗎？

法國的神經、精神醫學家鮑赫斯・西呂尼克（Boris Cyrulnik）曾以自身經驗主張，即便自愛與自尊感在童年時期受創，但只要遇見溫暖的人們就可能恢復。童年時期的他，在納粹集中營失去了父母，孤苦伶仃地生活著，但因為周圍人們給予的溫暖而得以復原。他在著作《心理韌性的力量：從創傷中自我超越》（Un merveilleux malheur）中曾提出此事實的證據：

2010年7月，巨濟島的某個政府機關收到了幾箱毛巾與信件，寄件者是七十多歲的老先生和他弟弟。寄送物品與鄰居分享的好意令人感激，但他們的故事更是感人。韓戰爆發，這對兄弟逃往咸興避難時，失去了其他家人。後來兄弟倆不知怎地來到了巨濟島，帶著飢餓與不安，坐在某個政府機關前面顫抖著。有位公務員路過時看到了他們，於是買了食物，並安慰他們要鼓起勇氣，好好活下去。這對兄弟在信中寫道，之後雖遇上了無數的苦難與風波，但因為心中始終記得那些溫暖的鼓勵，才得以健康地活到現在。

安撫他人悲傷的善行，會像這樣一個接一個傳承下去，因為周圍人們的溫暖、關心與體諒，能夠幫助悲傷、不安、孤單的人恢復受創的自愛。

練習 2：離開父母獨立，家庭就越幸福

德國人非常厭惡大蒜的氣味。可是身為典型的韓國人，如果食物中少了大蒜，就會覺得味道平淡，因此留學時期的我不得不對此多加留意。要是和指導教授約好要討論畢業論文，至少三天前就開始克制不吃有蒜味的食物。不過，比起大蒜味，德國人更難忍受的是煮小魚乾湯的味道。以韓國人來說，聞到小魚乾湯的味道時，就會自然聯想到「味道棒極了」的宴會湯麵或魚板串，同時感到垂涎三尺，但在德國人身上卻完全不適用。對於不曾接觸過的他們來說，這是很生疏陌生的氣味。我認為香噴噴的氣味，卻是他們所厭惡的，這便是典型的文化差異。婚姻生活亦是如此，也會出現許多兩國之間的文化差異。

☺時候到了就需要獨立

德國家庭的太太，主要化妝時間是在丈夫下班之前，也就是說，她們是為了丈夫才化妝。在德國人的婚姻生活中，最重要的是夫妻間的愛。兩人之間若少了愛，婚姻也就跟著結束。要是有一人對另一半說：「我不愛你了。」就等於是要和對方離婚。所以，為了維持丈夫的愛、為了維繫婚姻，德國的太太會一邊化妝，一邊等待下班歸來的丈夫。反觀韓國又是如何呢？韓國家庭的太太之所以化妝，不是為了丈夫，只是為了外出做準備。丈夫很難看到太太化妝的模樣，因為太太外出回來後，馬上就卸妝了。婚前或許經常見到太太如花似玉的模樣，但婚後，韓國的丈夫大部分只看到太太的素顏。

此外，韓國的婚姻生活跟德國不同，不會因夫妻間的愛情冷卻，就立即走上離婚一途。即便丈夫對太太說：「我不愛妳了。」婚姻關係也不會就此結束。在韓國的婚姻生活中，與子女間的關係更甚於夫妻關係。子女出生後，夫妻關係就會重組，開始以子女為重心。為了子女，父母願意欣然放棄夫妻關係，專注於養育子女上。此外，因為出生的孩子和爸媽一塊睡，與先前只有夫妻倆共眠的情景也不復相同。在許多家庭中，這種文化通常會維持到孩子上小學為止。

德國家庭卻不同，孩子出生後，大約僅有十天會和父母共寢，之後便在嬰兒房睡。儘管再怎麼疼愛孩子、孩子有多麼珍貴，他們不會犧牲夫妻關係，把養育子女視為第一順位。有許多人評價德國人的性格冷靜而客觀，此種養育方式也是原因之一。德國人會讓孩子躺在床上，並在他身旁放一個熊娃娃。漫長的夜裡，在旁守護孩子的是娃娃。因此，對於德國的孩子來說，娃娃比韓國孩子拿來玩的玩具更具意義，因為那是陪他們度過漫長夜晚的珍貴朋友。即便長大成家後，他們仍會將幼兒期陪伴自己的娃娃保管收藏好，當親朋好友拜訪，他們會拿出來展示，追憶起往事。

自小便獨立就寢的德國孩子，會將父母和自己的空間區分開來。進入父母所在的主臥房時，一定會敲門，獲得許可後才進入。然而在韓國卻不是如此，主臥房不單是父母的空間，也是屬於孩子們的空間，所以不需要另外獲得許可。基於這種文化差異與養育態度的不同，韓國的孩子要離開父母獨立，需要花上許多時間。相反地，德國孩子很快就獨立了。20多歲的韓國青年，在入伍時因為母親的一番話而淚眼汪汪的模樣，是韓國養育方式下的產物。20多歲的德國青年，則難以想像會有那樣的舉動。佛洛依德的愛徒，後來在分析心理學開拓自己一片天的榮格（Karl Jung）曾將此種東方的養育方式劃分為內向氣質，西方則為獨立外向氣質。

比較德國和韓國後，會發現婚姻生活與子女養育方式有很大的文化差異，但兩者有一個共同的課題，就是脫離父母獨立與自主性。

德國人養育子女，是採取讓子女趁早獨立與擁有自主性的方式，讓他們了解到自己必須為人生負責，因此在「分離與獨立」的面向上，德國子女比韓國子女快。只是，當子女過早獨立，可能會碰到一個問題，就是父母與子女間的親密感薄弱。和德國相比，和父母情感連結強的韓國年輕子女，要擺脫長期緊密的依附關係，與父母分離並獨立，則會比較困難。

長大成人，代表自己領悟到「我獨自生活於世上」，同時也認知到「即便是父母，也只是他人」。領悟到這個事實的人，會開始對自己負責。因為即便是如同父母般親密的人，也無法代替自己過人生，所以便會懂得自律與自行負起責任，而這種人擁有美滿婚姻與和睦家庭的可能性，自然就比較高。

☺ 無法讓兒子離開的母親

我念大學時，仍會穿「制服」去學校。大學生哪來的制服？那是因為格外喜歡藍色的母親幫我買了一系列藍色衣服。看到褲子與襯衫都是藍色的俗氣打扮，朋友們總會笑我「你穿的是制服嗎？」母親的品味非常守舊且獨特，直到現在仍常常令周圍的人驚慌失色。即便子女買了好衣服給她，母親也堅決不穿，只穿自己親自購買的衣服，而且還是一般人難以消化的風格。

所以，大學時期的我，很羨慕朋友們能自己買喜愛的衣服來穿，但母親卻不願意開放權限。因為買自己滿意的衣服給心愛的兒子穿，是母親專屬的特權，也是令母親開心的事。了解母親心情的我，儘管心中老大不願意，也只能穿著母親買給我的衣服去學校。

母親也經常把這句話掛在嘴上：

「你大學畢業以後，媽媽幫你在附近買個單身公寓！」

有一次，我將母親的口頭約定告訴朋友，結果朋友帶著訝異的表情反問我：

「欸，買公寓給你是很好啦，不過為什麼是單身公寓啊？」

因為經常聽到這句話，所以從未感覺有何奇怪之處的我，也開始好奇起來。母親雖然看著兒子逐漸長大，但內心深處又害怕孩子離開自己身邊。母親只想到兒子長大後，如果覺得和父母同住不方便，那就買一間單身公寓給兒子，但她似乎沒仔細想過，兒子有一天也會像其他年輕人一樣結婚生子。我在研讀家庭心理學的同時，了解到父母比子女更難接受親子間的分離，同時，在我自己有了孩子後，多少也能體會母親的感受。

☺可能連婚姻都會搞砸

子女遷出獨立生活，到建立新的家庭之前，這段未婚的期間稱為子女獨立期。此時期的重心是脫離父母獨立、獲得自主性，以及為未來的家庭做準備。能夠在此時期獨立並獲得自主性的子女，便能夠在穩定的環境中計劃未來，將自己的所有精力用來求職、做結婚準備。同時，他們會建立起互相給予親密感的同儕團體，從友情中獲得情緒上的穩定。這樣的人，便可能擁有穩定的婚姻。然而，若是無法獨立或擁有自主性的人，則只能度過抑鬱的子女獨立期，婚姻失敗的可能性也會提高。

成年的子女，都會希望父母將自己視為成人。父母認可子女長大成人，是指他們能尊重並接納子女的決定與選擇。但是，倘若父母無視於孩子的成長，仍把他們當成孩子，無法給予信任的話，兩者間漫長的戰爭就開始了。為了讓父母認同自己是成人，子女會進行抗爭，與父母產生衝突，形成緊張關係。不管是父母或子女，都會站在各自的立場上感受到焦慮與徬徨。子女則會展現出被動而自虐的性格，藉以攻擊不認同自己的父母：提不起勁、學業退步、對未來灰心喪志等都是具代表性的例子。如此度過早期成人期的子女，會錯失帶著雄心壯志準備未來的重要機會。甚至年紀已過二十五歲，卻被貼上一事無成、萎靡喪志又無能的標籤。如果再加上有人指責「老是不聽父母的話，只會頂嘴，結果你做好了哪些事？」，這等於是在原本萎縮的心靈又插上一把刀。在這種情況下，男性會更意志消沉，導致結婚的時間點更加延後，女性則可能會為了離開父母而自暴自棄，試圖以婚姻來逃避。

☺阻止子女獨立的原因

當大家了解到，身為獨立期的子女無法獨立、無法獲得自主性，將會帶來何種不幸，就一定無法理解為什麼父母要妨礙子女獨立。父母自然不是有意的，只是當他們強制將子女塞入設定好的框架，就會在無形中阻礙子女的成長。

不想放開子女的父母，經常會說這些話。

「沒有爸媽在的話，你就什麼事都做不了！」

「你還不懂這世界的人情世故。」

雖然非常討厭聽到這些話，但聽了無數次之後，卻不自覺地以父母的視角來看待自己，這就叫做「內攝（Introjection）」。子女會用父母的方式對待自己，於是變得更意志消沉，也擺脫不了無能的標籤。而父母看到子女沒出息的模樣，想法就更根深蒂固，對子女的控制與干涉也就日漸嚴重。如果子女不願服從，並提出自我主張，父母只會不斷指責、嘮叨個沒完。在此情況下，子女幾乎是無計可施。

成年的子女究竟該如何做，才能斬斷這種束縛，真正的獨立自主呢？父母的幫助對於子女的獨立是必要的。倘若父母加以阻礙，子女實現獨立自主就會遭遇困難，因為如此一來，子女就無法透過父母走向外面的世界。當父母不希望子女走向世界並加以阻撓時，面臨獨立期的子女，需要懂得先用客觀的眼光來檢視自己家庭的狀況。如果去探索父母如何度過童年，以及如何從他們的父母身邊獨立自主的過程，將會帶來幫助。在多數情況下，答案就在這裡。過去好不容易才能獨立自主的父母，潛意識也會以相同方式對待子女。如果能發現這隱藏的機制，事情就能獲得很大的進展。客觀地了解家庭歷史，能緩減對父母的憤怒與埋怨。先前怪罪父母、受傷挫折的心理，會被接受現實限制所取代，並開始尋找在此狀況下自己能做的最佳選擇。唯有跨越此試煉，子女才能帶著自己的意志，為尋求獨立自主跨出第一步。

練習3：以溝通的力量治療心理傷痕

先前住的公寓社區曾發生過這樣的事。某天晚上，下班回家的媽媽，朝著成天玩遊戲的小學兒子大發脾氣。隔天早晨，媽媽起床後，發現兒子不見蹤影。受到驚嚇的媽媽找遍房間與廁所，依然沒看到孩子。她突然感覺不太對勁，從陽台往下看，結果兒子已躺在公寓前的地面氣絕身亡。從此以後，社區的父母心中有了一個不成文的規定，就算要責罵孩子，也會避開晚餐時段。父母會盡量在白天罵孩子，在睡前也會對孩子說：「你現在還好吧？心情好多了吧？」不斷地安撫孩子。

這場沉痛的悲劇，讓我不斷地思考父母與子女間的溝通問題。我所參加的學會，曾經邀請為兒童與青少年人權問題不遺餘力的姜智遠律師來辦講座。有位參加者詢問姜律師，對兒童與青少年領域產生興趣的契機為何？姜律師回答，過去擔任檢察官時，曾經負責調查一名年僅十五歲的少年。釀成大禍的少年，在檢察官面前垂頭喪氣的。那天的姜律師，不知怎地產生了好奇心，他卸下嚴厲的檢察官面孔，以鄰家大叔的態度，向少年問起有關他的家庭和日常生活，而少年也老老實實地回答了。聊了很長一段時間，少年突然停止說話，眼淚不停滴落。他問少年為何哭泣，少年哽咽地回答：「檢察官叔叔，我活到十五歲，願意傾聽我說話的人，您是第一個。」這位少年身邊有父母、兄弟，還有一起肇事的朋友們，然而卻沒有任何能吐露內心的對象。這孩子真正的問題，是缺少了與他對話與深入交談的家人。而這個故事，便造就了今日的姜智遠律師。

大家都忙於生活，甚至很難見到彼此。別說是深入交談了，就連抽空問候的時間也沒有，最近這樣的家庭增加了，許多家庭也因為彼此無法好好溝通，導致問題一一浮現。

☺ 開始對話的小奇蹟

據說人類大腦在與他人溝通，尤其是與對方有眼神交流時，最能感受到喜悅。若從化學的角度來看，大腦感受到喜悅，指的是大腦變得活躍，並釋放出名為「多巴胺」的物質。大腦分泌多巴胺時，人會感到快樂。反過來說，當人感受到不幸，便是因為溝通中斷，無法在有眼神交流的情況下與任何人溝通所致。更甚者，如果連家庭內的溝通都中斷了，就會引發心理疾病。

身為遊戲治療師的太太，在隸屬於保健福祉家庭部的單位「母子院」負責兒童諮商項目。太太曾替患有遺尿症*的女孩敏靜與她母親諮商的事，一直令她無法忘懷。敏靜當時才小學二年級，但因為白天、晚上都無法控制排尿，必須一整天穿著尿布。因為朋友們說她身上有尿騷味，避之唯恐不及，因此敏靜總是一個人孤伶伶的。也因為經常挨媽媽的罵，敏靜總是悶悶不樂地縮著身子。在負責孩子的社工拜託之下，太太第一次見到了敏靜。敏靜先前曾經偷其他孩子的補習費，給朋友們買各種學生用品和扮家家酒的玩具。為了這件事，媽媽狠狠地罵了敏靜一頓。社工看到單身母親辛苦維持生計，感到於心不忍，於是懇求太太替敏靜的媽媽諮商。

敏靜的母親是未婚媽媽。她激動地抓著太太，說孩子怎麼能去偷別人的東西。她還悲痛地說，她被男人給欺騙，才會生下孩子，是那孩子毀掉了自己的人生。等她冷靜下來後，太太再度問她，是否真心認為這漂亮的孩子毀了自己人生，此時孩子的母親的回答與先前截然不同。

「沒有，怎麼可能呢？是因為有敏靜，我才能活下來。如果不是孩子的話，我早就不在這個世上了。」

「可是，妳對孩子說過這些話嗎？」

「沒有，好像一次也沒有。」

「敏靜的媽媽，那請妳將剛才說的話告訴敏靜吧。」

太太讓在諮商室外頭等待的敏靜進來。敏靜的媽媽望著孩子，開口說道：

「媽媽很愛妳，沒有辦法想像沒有妳。之前話說得那麼重，是因為愛妳、希望妳能夠變得很優秀。對不起，媽媽之前話說太重了。」

媽媽再也說不出話了。她緊緊地擁抱女兒，哭了起來。

一個禮拜後，太太再次見到孩子時，敏靜母女倆的表情不只比先前更開朗，令人吃驚的是，孩子長期以來的遺尿症也消失了。

＊遺尿症：排泄性疾患之一的遺尿症（enuresis），是指兒童在四歲正常學習日間與夜間膀胱調節後出現的遺尿症狀。遺尿症可分成兩種，原發性遺尿症多半原因不明，打從孩子出生起便無法控制排尿。繼發性遺尿症則是在結束排尿訓練一年後，由於心理因素（例如壓力）引起的不自主排尿。80％遺尿症案例為夜間型，15％左右為日間型，剩下的5％則不分日夜。

溝通可能會為家庭內帶來驚人的奇蹟。真誠的對話能使受傷的心復原，看似無解的問題也迎刃而解。

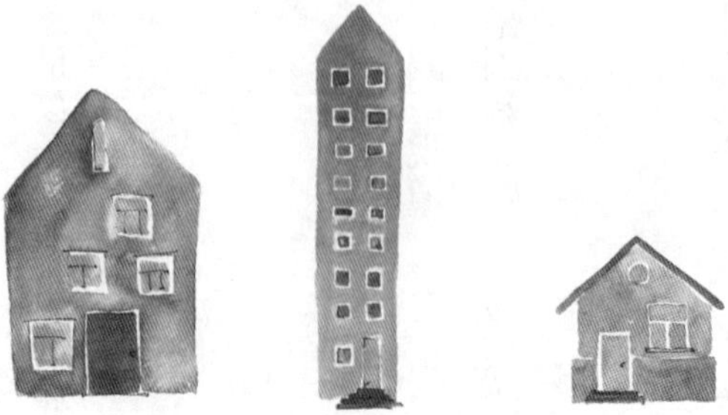

☺父親的眼淚

青春期時的我，和父親關係並不好。為了家庭竭盡全力的父親，不只是一家之主，也是一個形象嚴肅的人物。在我成長過程中，我不記得曾經和父親有過任何溫馨的對話。我一直認為，父親只疼愛妹妹一人。當時我是個憂鬱的孩子，而妹妹愛撒嬌又開朗，身邊有很多朋友。當時妹妹每天早上都會到爸媽房間報到，而父親會翻找前一天穿的西裝褲口袋，收集裡頭的零錢，給妹妹當零用錢花。那是妹妹才有的特權，換作是我，肯定會被狠狠罵一頓。

我就這麼成了家中可有可無的孤獨孩子，艱辛地度過青春期。上大學之後，時間再度飛逝，就在大二結束時，我收到了入伍通知單。入營當天，我尷尬地摸摸自己的平頭，上了前往兵營的火車。我坐在靠窗的座位上，因此能看到來送我的家人們。火車緩緩行駛，家人們的臉孔向我靠近。母親和妹妹率先映入眼簾，而她們的表情非常輕鬆愉快。直到我退伍之後，才聽母親和妹妹說起，我入伍的那段時間，對她們來說是一段黃金時期。這也意味著，寡言抑鬱的我，在家中確實不是一個讓人自在的人物。最後，我看見站在後方的父親，但是父親的樣子卻帶給我很大的衝擊。父親當時流著眼淚，而且還是哭得不能自已，雙肩不停顫抖的程度。

我被父親突如其來的模樣嚇了一跳，沒想到父親會看著離開的兒子哭泣。那是我第一次了解到，儘管父親從未表露出來，但他其實很愛我。父親是一個很強悍的人，所以我一輩子沒見過他流淚。他就像典型的韓國父親，不會向子女表達自己的情感，特別是對兒子。父親想把身為兒子的我，培養成更強悍的人，但他卻不曉得兒子有多渴望父親的愛，多希望父親能對自己說出一句溫暖的話。我在童年經歷的傷痛並不是因為缺少愛，在我還是孩子，以及辛苦度過青春期時，父親都愛我一如既往。但我卻有好長一段時間，都不曾領悟到父親愛我的事實，只因為父親不曾表現出來過。我所經歷的傷痛，不是缺乏愛與關懷，而是溝通的問題。我的傷痛，想必也是韓國家庭普遍面臨的問題。因此我想告訴大家的是，愛不是靠心靈傳達，而是透過對話與擁抱來傳達的。

想要恢復父母與子女間破裂的溝通關係，第一步就在於傾聽。溝通的出發點，不在於傳達我的想法，而是傾聽對方說的話。好好地想想，我們平時有多常把子女的話當成耳邊風吧。孩子在說話時，是否曾經停下手邊的事，看著他們的眼睛呢？或者認為那些話毫無用處，因而置之不理？是否總試圖說自己想說的話，或傳達自己的想法？是否曾以「為了孩子好」的名義，教訓孩子、對孩子大小聲、忽視孩子的情感？為人父母者必須牢記住，比起教訓孩子的父母，孩子更需要懂得傾聽與反省的父母。

再者，真誠的溝通有賴於誠實面對自己的情感。重要的是，不要扭曲自己的感受，要將它忠實呈現出來。把我所喜愛的、感到生氣的、覺得羞愧的、孤單痛苦的事情，全都表現出來，不要在上頭添加其他負面情感。就像對孩子吐露真心的敏靜的媽媽，將自己的情感一五一十地傳達給孩子，才是真正的溝通。

倘若在我青春期時，父親曾將手放在我的肩膀上，對我說：「兒子啊，覺得很累吧？爸爸相信你，也很愛你」呢？大概我的人生就會截然不同，甚至要比現在更好吧。

練習4：適時說出真心話，才能讓人了解你的想法

奶奶來到兒子首爾家中，笑臉盈盈地抱著孫子問道：「你不喜歡奶奶繼續待在你們家吧？希望奶奶快點離開吧？」其實這樣問的人期待聽到的是「不會呀，我喜歡奶奶在這裡。奶奶不要走，一起住這裡嘛。」但面對此情況，年紀還小的孫子感到很混淆。因為奶奶笑容滿面的表情，代表要自己認同她所說的話，然而問題的回答卻又與奶奶的話相反。用比較難的方式來說明，就是非言語的溝通（表情）要求正面回應，語言的溝通卻要求否定回應的狀況。像這樣的例子，經常發生於生活中。

父親早年逝世後，只剩下母女倆相依為命。女兒下班後，回到了家中，而媽媽對著女兒說道：

「孩子啊，晚餐我來準備，妳休息一下。」

「媽，不會啦。我不累，我來準備。」

「沒關係。本來上班就讓人很累了，去看電視、放鬆一下吧。」

對話一來一往，最後由媽媽負責晚餐，女兒則看著電視。過了不久，兩人坐在媽媽準備好的飯桌前。可是，就在用餐結束之際，媽媽小聲地自言自語，突如其來的牢騷，令女兒感到一陣揪心。

「哎唷，我的命真苦。到了這把年紀，還要做家事到什麼時候？哎呀，我真是沒有福氣。」

「……。」

媽媽無心說出的話，傷了女兒的心。看到女兒這麼晚才下班，於心不忍的媽媽心想，好歹要替女兒做頓溫暖的晚餐。然而，因為已上了年紀，實際去做之後，發現腿也痛、肩膀也痠，想到不知道還要伺候已過適婚年齡的女兒多久，因此不自覺地嘆了一口氣。因為媽媽說要準備才跑去休息的女兒，感到晴天霹靂。在這個案例中，對某個對象同時表露愛與恨、獨立與依賴、尊敬與輕蔑等矛盾情感的溝通方式，就稱為雙重訊息或雙重束縛（double bind）。

☺ 表露矛盾情感的溝通

格雷戈里・貝特森（Gregory Bateson）是英國的科學家，曾為溝通理論留下巨大貢獻，同時也是家庭諮商的先驅者。他從研究過程中了解到，家庭混亂的溝通方式，是思覺失調症發生的原因之一。對話時，原本應該傳達給對方的訊息只有一個，但如果傳達兩個以上，而且還是相反的訊息，就會導致對方陷入混亂，更甚者，還會引發思覺失調症。

舉例來說，媽媽對兒子說：「哲秀啊，你別在意那些媽媽說不可以做的事情！」的話，年幼的哲秀便會陷入混亂。對於小孩子來說，叫他不要做的事情，就等於是被禁止的，也是規定。孩子好不容易才從媽媽的語氣與獎懲方式了解到這點，但聽到「現在去做也沒關係」之後，他又會陷入苦惱，納悶這究竟是什麼意思。越來越難從媽媽的語言溝通之中掌握意涵的哲秀，會變得過度在意媽媽的眼色，而這會對他帶來不安感。當這種事情反覆發生，哲秀為了從對話中掌握到媽媽要傳達的訊息，因此總是過得戰戰兢兢。當情緒上極為不安的哲秀受到外界的龐大壓力時，狀態就會急劇惡化，而這正是一條通往思覺失調症的高速公路。

貝特森發現雙重束縛理論的契機，來自於對一位思覺失調症少年的縝密觀察。聽到罹患思覺失調的兒子狀態好轉，母親於是前來探訪。患者認出母親之後，高興地張開雙臂，向前擁抱母親。那一刻，母親縮著身子避開了。患者感到驚慌失措，不知道自己該怎麼做才好。母親接下來說的話，更令他混淆了。「兒子啊，你不愛媽媽嗎？為什麼愣愣地站著呢？」貝特森觀察到，接觸到意思不明確的混亂訊息，不知道媽媽究竟是愛自己或者拒絕自己的兒子，之後症狀再度急劇惡化。

為了解釋雙重束縛，貝特森拿東方的禪宗來舉例。師父為了給弟子啟示，將棍杖放於弟子頭上說道：「你的頭上有棍子嗎？若你答有，我將會打你；若你答沒有，我也會打你。還有，如果你不說話，我仍會打你。」此時弟子騎虎難下的處境，正是一種雙重束縛的狀況。問題家庭總會讓子女陷入這種情境。如果是禪問答，那麼弟子可以奪取師父的棍子，反過來打師父一下，或者做出截然不同的回答，獲得師父的肯定。因為在佛教裡，為了從言語中獲得啟示，天馬行空的發想與逆向思考都是很重要的修行。然而家庭不是佛教修行的場所，在問題家庭的雙重束縛情境中，沒有任何解答或能夠躲避的途徑。

在我們的日常生活，經常可發現增加溝通難度的雙重束縛。剛回到韓國的我，為了在獲得大學的教職工作，必須經歷比大學生家教收入更低、領鐘點費的艱辛講師生活。我總是口袋空空，各方面比身為窮學生的留學時期都要辛苦。某天，我特地招待母親到昂貴的餐廳用餐。看到高級餐廳的氛圍後，母親頑強地拒絕，「你也沒有錢，怎麼跑來這麼貴的地方？」因為拗不過母親，無計可施的我再次回到家裡，大致用現有的小菜和媽媽一塊吃飯。然而從頭到尾，母親的表情不見喜色，我心中雖感到奇怪，但覺得是自己多想了。幾天後，我接到妹妹打來的電話，才知道原因。母親對原本要去用餐的餐廳很滿意，但想到兒子身無分文，就多少推辭了一下，結果兒子也不多勸說幾次，就這麼回家了，母親因此感到很失落。受到重視面子的韓國文化影響，這樣的事在日常生活中屢見不鮮，雖然微不足道，但這同樣是一種雙重束縛。

☺肯定自我情感的勇氣

為何會發生這麼令人鬱悶的事呢？這是因為沒有學習到坦率表達自己情感的方法。真誠坦率的表達能打動他人的心。關係越是親密，越能坦率表現自己，關係中的親密感也會因此增加。但是大部分的韓國人都無法對自己的感情坦誠，尤其認為自己必須符合父母或他人期待的人，就越難看到世界原來的樣子，也越難自然地表現自己。如果童年曾經誠實表達過自己的情感，但因為頻頻被警告這樣太過自私，被說年紀小不懂事，遭到忽視或排擠，之後就會排斥或迴避誠實坦率的表現，同時經常使用與內心背道而馳、虛假與誇張的表達方式。這些行為都是為了在他人面前隱藏內心的焦慮，使得內心與外在表現之間產生了差異，這便可能引起對方的混亂與憤怒。

40多歲的河小姐曾為了小女兒的偏差行為來找我。家裡所有令人擔憂的事情，都是源自小女兒。河小姐擁有兩個女兒，大女兒成績優秀，性格善良，沒有什麼需要操心的事，然而小女兒從青春期開始就嘗試逃家，總是反抗媽媽與姐姐，動不動就頂嘴。這個不愛念書、行為又有偏差的小女兒，常令河小姐覺得討厭。不過，儘管她更疼愛老大，但又怕老二鬧脾氣，反倒花了更多心思在老二身上。小女兒卻不懂媽媽的心，更令她覺得失落。

「為什麼更疼愛大女兒呢？」

「老大自小就很溫順，長大後氣質依舊沒變。讓爸媽都不用擔心，多乖啊。」

河小姐對待大女兒時，即便自己沒為女兒做什麼，也能自然感受到她疼愛女兒的心。我接著繼續問道：

「那麼可以請您仔細說一下，您如何體諒老二嗎？」

「老二從小就是個挑剔、令人費心的孩子。她經常嫉妒姐姐，性格也很自私。但是，為了不讓老二覺得只有姐姐受疼愛，我花了很多心思。老大做錯事時，我會很嚴厲地罵她，對老二就不會這樣。兩人單獨在一起時，也經常對她說『妳知道媽媽有多愛妳嗎？』」

這是典型雙重束縛的狀況。小時候的小女兒，一定相信爸媽疼愛自己勝過姐姐。然而到了青春期，她不難猜到，其實爸媽的心更向著姐姐。結果，小女兒在接觸到媽媽的矛盾後，剛開始覺得混亂失望，後來便引起了憤怒情緒與憂鬱症。比起媽媽更愛姐姐的事實，媽媽在自己面前的雙重態度，才是真正折磨小女兒的主因。

這個案例顯示，不坦率的表達方式，反倒比責罵帶來更大的傷害。想擺脫雙重束縛，坦率表達自己的情感，首先就需要有肯定自我情感的勇氣，而這股勇氣來自於肯定自己的內在狀態。以河小姐的狀況來講，即使小女兒有比不上姐姐的部分，但疼愛孩子的心應該要相同。該罵孩子時就告訴孩子，「妳這樣做，媽媽會很難過」，針對孩子的負面行為，誠實地表達媽媽的心情，如此就能避免情況惡化。

練習5：不再讓愛單向通行，用無負擔的愛互相對待

剛結婚的某女性，因為婆婆和丈夫，受到了很大的傷害。她很準確地說，那是三年七個月以前的事，甚至連幾天都記得。那天的事情是這樣的。剛結婚時，在某個招待客人來家裡的場合，因為食物準備不足，婆婆怪媳婦不夠周到。但更令人討厭的是丈夫，他非但沒有袒護太太，反倒還附和婆婆，「您不知道嗎？我老婆本來就有點遲鈍。」此時受到的汙衊，讓她至今仍無法忘懷。可是，因為這件事受到傷害的，只有她一個人嗎？

其實那天過後，丈夫的痛苦不比她少。太太把丈夫當成了愚蠢又沒想法的人，每天忽視他的存在。丈夫始終摸不著頭緒，戀愛時十分乖巧順從的太太，為什麼會變成這樣。他更沒想到，原來是因為他無意間附和母親的那句話造成的。

夫妻關係有一項原則，就是自己得到的，一定會再還給對方。倘若丈夫令自己不開心，當下雖然會忍耐，但等到下次有機會表現累積的情緒時，就會將先前受到的傷害和不開心的情緒一併還給對方。儘管不是刻意帶著「好啊，你敢這樣對我，給我走著瞧！」的復仇心態，但受傷的情緒會潛伏於內心深處，而且總有一天一定會還給對方。

被對方傷害時，產生報復心理是很自然的事。不過有趣的是，危機卻通常是在一方給予正面付出時，另一方卻未給予回饋時發生。

☺夫妻之間的關係存摺

伊凡納吉曾提出一個獨特的理論，指出夫妻間存在著看不見的「關係存摺」。根據關係存摺的餘額，兩人可能會成為人人稱羨的愛侶，也可能變成「世上絕無僅有的冤家」。關係存摺就像銀行帳戶，有存入也有支出。從體諒對方的小小舉動到深刻的愛，都屬於「存入」的範圍；「支出」則包括瑣碎的情緒發洩、嘮叨、暴力、輕蔑等。存入越多，帳戶餘額就會充裕，而當支出越頻繁，餘額就會逐漸減少，直到變成負數為止。如果希望關係存摺內累積許多餘額，兩人之間的付出與接收必須公平才行。當付出與接收平等，兩人間的信賴會增加，不管面臨何種危機，兩人都能用「愛」一同克服。

現在來看看，夫妻間如何形成付出與接收的關係吧。

我們先來看正面的案例。丈夫認真工作了一個月，領了薪水回來。此時丈夫是付出（give）的人，太太則是接收（take）的人。為了感謝丈夫辛苦賺錢回來，太太隔天比平時更早起床，準備了丈夫喜歡的食物。此時太太將自己接收的部分還給丈夫，丈夫則變成接收的人。透過互相給予與接收，關係存摺的餘額會持續增加。如果丈夫在用餐時，為一早忙碌的太太搥搥背，那丈夫便再度為關係存摺存入一筆款項，而得到愛的太太，又會陷入該為丈夫做什麼的幸福煩惱之中，這樣的夫妻，便會有滿滿的愛和幸福感。

另一方面，惡性循環的狀況和前者的差異很簡單。丈夫坐在餐桌前用餐，對於太太特地一早起來，發揮手藝所準備的早餐不發一語。感到鬱悶的太太於是問了一句：「老公，食物合你胃口嗎？」可是，丈夫卻心不在焉地回答：「沒有什麼合不合的，反正就這樣吃啊！」早餐時間突然變得冷颼颼的。這一瞬間，付出與接收的均衡被破壞了。太太將自己接收到的還給丈夫，這次該輪到丈夫付出了，可是隨著循環被打破的同時，對彼此的厭惡也緊接而來，這便是破壞夫妻關係的根本原因。

平等地付出與接收、關係存摺累積許多存款的夫婦，會產生不管面臨何種危機都能承受的力量；相反地，關係存摺沒有多少存款，逐漸變成負數的夫妻，會如同還卡債般辛苦硬撐，即便在很小的危機或壓力面前，也可能會如同沙城般嘩啦啦倒塌。

☺當愛只是單向通行，就會破壞關係

人際關係、情侶關係、夫妻關係中，只有付出與接收平等，雙方才會有滿足感。即便彼此再怎麼相愛，天下依舊沒有白吃的午餐。我接收到的必須和付出一樣多，關係才會維持下去，愛與信賴也才會持續累積。

從表面看來，有些夫妻付出與接收的關係似乎並不平等，但關係存摺卻維持得很好。夫妻是雙薪家庭，而擔任專業職務的太太收入較高；如果晚上電燈壞了，太太會先跑去確認配電箱並進行修理，此時丈夫則是完全沒有打算去修理，開心地和孩子們玩著捉迷藏。看到這種夫妻時，會覺得丈夫扮演的角色比太太小，似乎破壞了公平性，但其實丈夫補足了太太無法為孩子做的部分。他比太太更懂得如何和孩子玩，偶爾還會帶太太到她會喜歡的餐廳，享用一頓有氣氛的餐點。太太在付出與接收的關係之中感到吃虧的部分，不一定要靠與之相對應的代價來填補，透過丈夫的一點體諒和關心也能挽救。

然而，如果僅有一方長期付出，卻未收到回報的話，就會感覺自己遭受利用，成了對方的奴隸。空洞枯竭的感覺逐漸累積，不滿也會因此產生。相反地，如果體認到自己只是一味地接收，而沒有付出，從那刻開始就會產生罪惡感和虧欠的心情。當付出與接收的天秤失去平衡，一方會感到委屈，另一方則會覺得虧欠了對方。

在大學認識的兩位男女愛上了彼此。從鄉下上來，獨自在外面租屋的男生，家境並不富裕，而女生會把打工賺來的錢給男生，有空就到男友家裡幫忙洗衣服、打掃，為心愛的人毫不保留地付出。

大學畢業後，女生先就業了。男生因為沒找到工作，進入研究所就讀，當成進入社會前的緩衝期。在男生就讀研究所的期間，女生替他繳交學費，為他奉獻一切。經過長久的等待，男生終於從研究所畢業，找到了一家公司。女生感到很高興，如今，吃苦的日子結束，兩人能步上禮堂，組織幸福的家庭了。可是不久後，男生卻說要分手，讓她大受打擊。她反覆地說，自己實在無法接受男生的說法。大學認識、交往後，為了讓男生能夠獨立，她奉獻一切來幫助他，得到的結果竟是分手。女生不敢置信，不知道一切是從哪裡開始出錯的，陷入了恐慌狀態。而且，也不是因為男生有了別的女人。

隨著時間流逝，男生的內心變得很沉重。因為總是接受女朋友的付出，這筆心靈之債，讓他很難面對女朋友。只要在她面前，就會產生虧欠的心理。男生想要的，是沒有心靈債務的同等男女關係。儘管他很感謝長久以來相信自己、支援自己的女朋友，但另一方面又因虧欠的意識如影隨形，令他受盡折磨。他的內心想要的，是擺脫這股負債意識。

愛情關係非常微妙，僅有一方付出，關係也可能變得岌岌可危。接受付出的一方雖懂得感激，但透過關係清算時，便會陷入想消除心靈負擔的誘惑。因此，如果真心愛對方，就不能把自己所擁有的一切都給對方。「愛情也有要領」就是在說這種情況。如何在對方不會感到負擔且能償還的範圍內付出，是一項必要的智慧。

練習6：擺脫負面思考，調節不安的情緒

在德國留學時，曾見過一對吵架方式很特殊的韓國留學生夫婦。他們吵完架之後，會各自回到房裡，蒙上棉被躺著。這對夫妻就在各自的空間進行無聲的示威，在這種情況下，先打開房門出來的一方就算是輸了。看到他們的舉動，只覺得他們是一對自尊心很強又固執的夫妻。可是沒想到他們夫妻吵架，最後竟以悲劇收場。

有一天，再度吵架的夫妻，如同往常一樣，在各自房裡足不出戶，持續冷戰。剛好那位太太當時懷有身孕，在承受超過一天的壓力及滴水未進的狀態下，突然開始出血。她受到驚嚇，隨即趕往醫院，最後仍流產了。這件事在夫妻心中留下了無法抹去的傷痛，看著不堪承受的他們最後分手的過程，讓人感到沉痛不已。為何夫妻要如此傷害對方呢？比起爭吵本身，他們爭吵的方式才是問題所在。

婚姻不美滿與吵架方式錯誤的夫妻都有一個共同點，那就是「自我分化低落」。精

神分析概念上的「自我分化」，是指子女能與母親分離與獨立的程度。當走路搖搖晃晃的孩子，仔細查看自己從鏡子中反射的臉孔，自我分化便開始了。因為「看著自己」，就等於孩子開始意識到自己是媽媽以外的獨立個體。

自我分化高的人，能夠理性控制與調節情感。家庭是情感的結合體，比起在外頭，家庭成員在家裡會有更多情感反射的行為。不自覺地對孩子發脾氣，沒來由地對太太或丈夫產生憤怒的情緒，都是這個原因。如果是家庭以外，例如職場或學校的人際關係，即便心生憤怒也不能直接表達出來，家庭也就因此成了最常受到傷害的地方。在愛之巢穴的家庭內，受到的傷害往往最深。如果在家庭內經常發生情感反射行為，便有必要將自己從這種情感中分離。

自我分化，會形成控制與調節情感（尤其是焦慮）的能力與親密關係。由於家庭內有各種錯綜複雜的關係，如果不想對彼此造成傷害，就必須運用自己的知性能力，也就是理性的力量。適當使用理性力量，是一種自我分化的能力。當不安向家庭襲來時，自我分化不夠高的家庭成員，會無法適當處理焦慮，並且可能因為過度反應，面臨更大的困難。相反地，自我分化高的家庭，則能理性應對不安的情緒，擁有克服危機的力量。

☺情緒健康的人 vs. 情緒不健康的人

情緒健康的人與不健康的人之間的差異，不在於容不容易感到有壓力，而是比較懂得處理壓力。情緒健康的人，不是受到的壓力比較小，而是能夠適當消除壓力與焦慮。無法自行解決壓力，容易陷入焦慮的人，即為自我分化低的人。相反地，懂得應對壓力，並且在焦慮襲來時，懂得控制它的人，便是自我分化高的人。

自我分化最終指的不是外在環境，而是自我內在的狀態。即便面臨相同的危機狀況，人的應對方式，也會根據自我分化的程度有所不同而結果相異。

來舉個例子吧。有個人偶然在路上碰見正在通話的前輩，高興地向前打招呼，但因為前輩太專注於講電話，沒看見他便走過去了。站在這個人的立場上，自然會感到心情不快，但此時他的應對方式，會依據其自我分化程度而有所不同。

首先是自我分化低的狀況。他會覺得自己被忽視，對前輩發一頓脾氣，並且認為自己心情之所以不快，都是對方的錯。基於這種心理，他採取了攻擊的姿態，和不明所以的前輩起了衝突。

自我分化中等的人，在遇到相同的狀況時，會把心情惡劣的原因歸咎到自己身上，而非怪罪前輩。他會感到戰戰兢兢，認為是自己做錯了什麼，前輩才會忽視他。這種類型的人會向前告訴前輩，如果自己做錯了什麼，請他原諒自己。儘管這與第一個狀況不同，沒有引起衝突，但同樣也是令人不自在的狀況。

那麼自我分化高的人又是如何呢？他不會對前輩發脾氣，也不會害怕自己做錯什麼而感到不安。跟前輩打招呼之後，遭到忽視後不愉快的心情是相同的，但應對方式會有差別。他會向著前輩走去，自在地告訴對方，稍早前自己跟前輩打了招呼。

「前輩，您剛才在講什麼電話，怎麼那麼投入？連我跟您打招呼都沒聽到。」

在這裡，沒有想追究自己或對方的責任，只是在陳述當時的情況而已。「啊，我在講電話時，好像有人叫我，原來是你啊！」前輩表達歉意後，彼此在毫無芥蒂的情況下解決了問題。

三者的情境都相同。自我分化低的人會怪罪他人，認為是因為對方，自己才無可奈何地發了脾氣，他絕對不會理解，其實自己還有其他的選擇。

自我分化高的人，思考與情感會達到平衡，他會以戰勝情感衝動的自制力與客觀性來採取行動，不會突然情緒激動或發脾氣。儘管日常生活中碰到許多危機與壓力，但他能在穩定的情緒中解決問題，不對自己或他人造成傷害，並形成健康的家庭關係。當自我分化高的人成為夫妻，他們不會在壓力或危機狀況下對配偶或子女發洩怒氣、變得神經兮兮，或者依賴酒精與工作等。他們也不會將自己的壓力轉嫁到其他家人身上，而是讓心情平穩下來，或以健康的方式消除壓力。他們更不會任人生的危機，以及跟隨而來的焦慮擺布，而是能夠建立起幸福的家庭關係。

然而自我分化低的人，主要以情感來做反應。面臨危機時會衝動地採取行動，容易發怒，將失望的情感直接表現出來，同時也會過度在意他人的反應、過於依賴或反抗他人。越是感到焦慮，他們就越容易衝動行事。夫妻兩人雖是彼此相愛才結婚的，但卻因為無法適當處理每天發生的壓力與危機狀況，對彼此造成傷害，最後導致婚姻的不美滿。

☺自我分化低的夫婦

鮑文曾說，由於自我分化低的夫妻處理壓力的能力低落，無法承受它帶來的焦慮，夫妻之間的困難會大幅增加。夫妻間起了衝突，卻沒有適當應對的力量，由此所引起的緊張與焦慮，便會使夫妻逐漸產生距離感。夫妻之間嚴重的距離感，會使雙方比任何時候都極力想拉近彼此，因此會一再反覆有距離感與過度親密的關係。每件事都能讓夫妻兩人爭吵，造成長期的緊張感，並且很容易對彼此產生否定與蔑視的態度。只要看周遭後悔結婚的夫妻就能輕易了解這點。當緊張與衝突持續時，無法縮短夫妻距離的無力感，可能會引發慢性頭痛與憂鬱症。有些因體弱多病，經常到醫院報到，或者經常躺在床上度日的太太，便是這樣形成的。婚姻的不美滿帶來了焦慮與壓力，使太太的身體出現了症狀。在長期夫妻衝突中感到焦慮與恐懼的媽媽們，大多會轉而依附在子女身上。嚴重的不安感，導致她們過度保護或控制孩子，將自己的不安投射到子女身上。此時子女會出現兩種反應：順從或是反抗。而媽媽則是將從過度焦慮與恐懼中衍生的過度保護與溺愛，錯認為一種愛。在此情況下，子女很難和媽媽分離獨立，自我分化也會變低。有許多子女，雖然兒童期會順從媽媽出自於不安的行為，但到了青春期，便會出現反抗與偏差行為。子女想要逃離的，不是媽媽本身，而是她們過度的不安。然而子女的偏差行為，會使媽媽更為焦慮，並陷入恐慌狀態。媽媽越是不安，對子女就越執著。此時父母與子女之間可能會出現極端行為，比如有些媽媽為了再度控制子女，試圖在子女面前自殺，甚至將孩子囚禁於精神病院。為了逃避自己的焦慮與恐懼，於是將孩子打造成不受控制的子女，並企圖摧毀他們。

☺化解緊張與衝突的鑰匙在自己手中

化解不幸的夫妻關係與不和睦的子女關係，鑰匙不在對方手上。丈夫、太太或子女的改變並非解決之道。化解夫妻之間、父母與子女之間緊張與衝突的鑰匙，正是掌握於自己手中。只要自我分化提高，在家庭關係中就能更柔軟、懂得變通，也能適當調節與消除壓力。

自我分化程度不會一夕之間就有變化，但它也不是固定不變的。為了改變在童年時期與父母的關係之中形成的自我分化，需要對自己與他人產生共鳴。不要立即以情感回應壓力，先察覺自己的情緒，接著站在造成自己不安的對象立場上思考事情之後再去回應。面對日常生活中突如其來的危機與壓力，先花心思去思考它，而不要靠潛意識、情緒去回應它。付出極大的努力後，自小就在家庭中形成的低自我分化，也可能不會輕易產生變化。但是，唯有再次思考，現在所感受到的焦慮與憤怒不是來自於外在因素，而是內在所引起，同時不帶太多情緒地回應，才能帶來變化。這是彌補低自我分化的方法，當你越熟悉它，令自己後悔的事也就越少。

練習7：學習當「好父母」，適時讓孩子體會拒絕與挫折

在過去，生五、六個孩子都很稀鬆平常，但最近，就算子女數少，養育孩子仍不是件容易的事。我們家雖只有一個獨生子，但太太和我總是很小心翼翼地養育兒子。

因為是雙薪家庭，兒子和父母相處的時間總是很少，所以兒子只能等待周末到來。某個週末，兒子吵著說要去餐廳吃飯。雖然我們夫妻倆並不想在人潮多的地方度過得來不易的休假日，但既然孩子想去，也只好點頭答應。從家裡走到距離最近的餐廳，足足要四十分鐘，但孩子說不想搭車，因為他想騎腳踏車。結果我們用步行的，孩子則是騎著腳踏車出發。吃完準備回家時，這次兒子又說要去附近超市買餅乾。問他才剛吃飽，為什麼還要吃餅乾，說要直接回家，但最後仍拿他沒辦法。整個週末，孩子不斷提出要求，而我們夫妻倆，雖然很開心有時間陪伴孩子，但就在週末結束之際，也慢慢地

感到疲憊。要成為眼中只有孩子的父母很容易，但「好的父母」該如何扮演卻不容小覷，因為好的父母，必須適當地讓孩子體會到拒絕與挫折。

佛洛伊德把人類形容為「不懂得滿足的生物」。無論父母奉獻得再多，仍然無法滿足孩子隨時改變的需求。近年來，有許多孩子出現各種問題，而且相較於過去的世代，引起問題的頻率也大幅增加。患有注意力不足過動症（ADHD）的孩子比過去提高數倍，因社會化不足，無法適應學校生活的學生也呈上升趨勢。來到兒童諮商與遊戲治療機關的學生也絡繹不絕，想要接受諮商，還得事先預約，按號碼等上許久才行。

☺ 僅走平穩之路的孩子

1973年，獲得諾貝爾生理醫學獎的康拉德・洛倫茲（Konrad Zacharias Lorenz）指出，想獲得即時滿足的態度，乃是現代社會中的罪惡之一。隨著社會逐漸變得便利，即時滿足（sofort befriedigung）也成了普遍的慾望。人們瘋狂地追求樂趣，同時也極力想避開痛苦。但問題在於，不斷逃避孤單，便無法品嘗到真正的喜悅。

喜悅是唯有爬山越嶺者才能獲得的快樂。只有通過接踵而來的苦痛與困難，才能體會到真正的喜悅。

儘管山高路險，但如果刻意避開痛苦的事，便無法接觸到克服困難後迎接的喜悅，人生會變得百般無聊、毫無生趣。然而，這又不是人們所想要的。所以，為了避免生活枯燥乏味，就需要新的刺激，此時人們便會開始瘋狂地追求新事物。

美國在經歷次貸危機後，無法擺脫經濟低迷現象，文化上產生了許多改變。但我還在美國時，中產階級的家庭如果要搬家，多半仍會將先前使用的家具全部丟棄。他們會在換新家的同時，將家具全部淘汰更新。不過，這不是因為家具老舊，單純只是沉迷於全新的物品。看到這種生活現象後，洛倫茲預測，作為經濟基本機制的生產與消費循環結構將會面臨危機。對於全新物品的慾望與瘋狂，會帶動一股奢侈風潮，使美國與西歐國家喪失競爭力，而相對較無奢侈風氣的東方國家則會崛起。今日英美國家大幅萎縮，中國、印度與東南亞國家躍進的世界經濟，大多印證了洛倫茲的分析。

即時的滿足、追求新事物的熱潮、一丁點痛苦也要逃避的人生態度，為我們的下一代注入了公牛症狀（Null-Bock Syndrome）。公牛症狀是德語圈所創造的概念，意指追求即時滿足的世代。也就是不將父母或一般社會規則放在眼底，毫無責任感、對凡事漠不關心的世代。這些人對責任感和義務心不在焉，唯有一時的欲求才能令他們眼睛一亮。專家認為，韓國兒童與青少年中，有接近百分之三十的孩子需要接受諮商。最近我經常從身邊的教師口中聽到「新式孩子」這個說法。新式孩子的特色如下：這些孩子完全不聽從他人的指示。老師要反覆下相同的指示，他們才會知道老師是在要求自己，於是不得已，只好裝作聽從指示。這些孩子對於無趣的事絲毫不感興趣，如果心情不好，不僅會抱怨個沒完，甚至在老師面前還會亂丟東西。對他們而言，辛苦或痛苦的事情只要逃避就好了。要是發現事情無法輕易達成，他們就會立刻放棄。除了能帶來即時滿足的遊戲之外，很難在這些「新式孩子」身上看到長時間投入於某件事，為了達成目標而努力的樣子。教育專家表示，在「新式孩子」逐漸增加的趨勢下，既有的學校教育方式已經達到了極限。這種孩子未來選擇的人生，將會是最為輕鬆、最能避免痛苦的道路。

目前這種熱潮已經蔓延到二十歲以上的年齡層。無所事事、成天窩在家的二十至三十歲的年輕人正在增加。在日本，預估這種隱遁型的單身族達到了一百萬名。這些人就如同袋鼠般依賴著父母，對凡事漠不關心，躲避著任何痛苦、令自己不舒服的事，在自己的小世界作繭自縛。

佛洛姆曾說過，「問題孩童的背後，都有問題父母」，這句話真是說進心坎裡。

「新式孩子」之所以形成，與急遽變化的現代社會體制有著密切的關係。令人目眩頭暈的快速變化、豐富的消費生活、鼓吹慾望的廣告與媒體等無數因素，都在結構上產生作用。然而，並不是所有孩子都會成為「新式孩子」，或有公牛症狀。為此，我們必須從家庭的角色中找到突破點才行。

☺朝著世界前進的力量

發展心理學家與社會心理學家認為，在一個人的成長過程中，「暫緩滿足欲求」是一個極為重要的課題。這是指不急著滿足眼前需求，為了下次獲得的獎勵與結果，延遲滿足需求的能力。為了幫助孩子，父母就需要扮演互相矛盾的兩種角色。有時必須立即滿足孩子的欲求，但同時又得考慮到孩子自我的發展。這包括了不立即回應孩子的欲求，利用些許的演技，有時則果斷地拒絕。拒絕的經驗對孩子而言是極為痛苦的。因此，父母拒絕孩子時要比平時付出更多的愛與關注。如此一來，孩子就會明白，父母拒絕的不是自己，而是自己想要的東西。孩子也會藉此學習到，儘管自己無法立即獲得想要的東西，但只要稍微忍耐或等待，就能以其他方式獲得更大的滿足。唯有能夠對更多的滿足感與成功產生期待，他們才能把書唸好，或者忍耐當下的欲求。在這種過程中，孩子會形成與他人相處時所需的社會化能力，尤其是會懂得自我尊重。在父母適當的教養方式下形成的欲求控制能力，能使孩子發展出克服無數問題與危機、應對人生疲乏與枯燥乏味的力量。畢竟沒有挫折，是不可能獲得成果的。

壓抑自己的即時欲求、加以控制的能力，終究得靠父母讓孩子適當經歷挫折的過程來訓練。當然，如果過度的話，就會招致反效果。過多的挫折，會導致孩子缺乏滿足感，並對其產生飢渴，使孩子陷入追求貪欲之中。然而，最近的孩子經歷的挫折太少了。吉麗娜・普立蔻波（Jirina Prekop）說過，在沒有挫折的教育方式之下，導致無數孩童成了不幸的精神官能症患者。目前開發出許多方法，用來治療那些對凡事漠不關心，但習於即時滿足與一時衝動的孩子，其治療方法的基礎，便是給予適當的痛苦。

在德國，治療倦怠青少年的方法之一，就是讓他們接受海上救援訓練。大家可能會很訝異，拯救落水的人和青少年的日常生活有何關聯，但它的效果卻意外顯著。人生面臨緊急狀況的真摯，會為自我薄弱的孩子帶來刺激，成為他們的治療劑。這和韓國的海軍極限訓練過程等類似。最近在日本，青少年治療過程中的騎馬學校很受到注目，它比海軍或海上救援更能體驗到明確的痛苦。聽說即便費用不菲，仍有無數的人們排隊等待。進入這個學校的青少年，在騎馬場分別配有一匹個人用的馬，而且必須擔負起馬匹訓練、清掃與管理的責任。儘管習慣都市乾淨環境的孩子們，要去清理馬的排泄物，在馬廄鋪上乾草並不是易事，但孩子在作業的過程中能和動物產生互動，學習穩定情緒、透過履行義務來培養責任感。孩子會藉由痛苦發現人生的意義，同時在克服痛苦後的喜悅之中產生蛻變。

有句話說，人生如苦海。從悲觀的角度來看，我們的人生可能會在不斷穿越苦海之中，突然遇上能伸展身體、放鬆休息的島嶼。儘管巨大而漫長的痛苦會破壞我們的人生，但輕微的緊張感與痛苦能使我們覺醒，讓我們嘗試挑戰，並且領悟到辛苦過後帶來的滿足感。對於身處幼年與青少年期的孩子來說，這樣的經驗更是迫切。家庭的和睦與幸福也是如此，必須欣然接受小小的挫折與痛苦。

和平、喜悅或幸福並非招手即來。當我們接受服務時，可能是靠支付金錢來換得方便，但為了建立健康的家庭，延遲滿足欲求、痛苦與不舒服的感覺都要概括承受。家庭不能只是互相擁抱的最後堡壘或溫暖巢窩，家必須幫助我們培養力量，讓我們有一天能夠離開巢穴、振翅飛往世界的地方。那樣的關係，就叫做家人。

—結語—

越努力就越幸福的家庭

今年就讀小學三年級的兒子，大概是世界上最忽視我的人了。看到兒子完全不聽爸爸說的話，我一時生氣，轉而將太太當成箭靶。

「媽媽不是兒童諮商的教授嗎？……」此時太太也會回嘴：「你別顧著幫別人做家庭諮商，也幫幫我們家吧。」聽到這句話，我隨即棄械投降。

雖然至今替許多家庭做諮商，但即便是我，也為了能建立幸福的家庭，每天持續地為此付出努力。

每對因相愛而步入婚姻的男女，都期望從此過著幸福快樂的日子，但現實卻沒那麼容易。儘管彼此相愛，但仍會產生衝突、留下傷痕，甚至陷入深切的孤單中。孩子出生之後，關係變得更為複雜，起衝突的原因也更加多元。

人生在世，總有碰到問題的時候。若是無法正視問題，原本微不足道的小事，往後可能會擴大，直到局面無法控制，家庭問題尤其如此。我也經常見到，許多人不將家庭衝突當成一回事，導致痛苦的時間無限拉長，或者在明擺著的衝突面前，裝作什麼事也沒有，最後錯失了治癒的機會。倘若家庭發生了衝突，掌握原因來自何處、該如何解決，才是化解問題的鑰匙。

當父母不曾向孩子表達愛，或者沒有心力分享愛，孩子會感到悲傷、痛苦、生氣，然而他們卻束手無策。為了活下去，孩子會抑制自己的情感，降低對父母的期待，並藉由自行解決所有事情來生存。

即便長大成人的孩子，再也不需要像小時候一樣抑制情感，但他們仍會帶著童年的樣子活下去。他們無法拋棄力量薄弱、毫無選擇的童年時期所採取的生存策略；他們無法與配偶建立情緒關係，也不懂得表現溫暖與愛，因而使另一半感到失望。更因為他們將自己從父母身上體驗到的一切，再度傳承給子女，導致兒女也帶著傷痛長大。

不知道童年時期發生過什麼事情，也不曉得它會對現在的想法、情緒、行動造成何種影響的人，就如同在沙漠中求水之人。當雙方有所匱乏、帶有傷痛，卻不去檢視它時，衝突也就於焉而生。透過諮商，丈夫認清自己是個如沙漠般無法給他人愛的人，夫妻關係開始有了變化；太太不必刻意去改變丈夫，就能找到和平相處的方法；先前太太只能被動地等待丈夫的愛，但如今她懂得如何用具體的方法，讓丈夫將注意力放在自己身上；先前雖然知道丈夫想要什麼，卻因內心受到傷害，以責備、不願肯定的姿態面對丈夫，如今太太懂得給予丈夫所期待的肯定與稱讚。彼此都是在回顧童年的自己後，家庭關係才開始有了變化。

在說完有關家庭的故事之際，我回顧起自己的家庭。我和太太在念研究所時遇見了彼此，並在七個月後步入婚姻。在留學期間，我們珍貴的兒子誕生了，那個孩子是我們夫妻倆的寶貝。儘管有時家裡會為了小事爭吵，變得鬱鬱寡歡，但因為有家的存在，我們獲得了面對世界的力量與勇氣。即便那些對我們造成最多痛苦與傷害的人，通常也是家人，但彼此是能和平共處的。家人並不是輕易就能手到擒來的東西，而是必須透過持續不懈的努力，在忍耐中去學習、去了解的一群人。這樣的努力，也是我們人生中最有意義的。「為什麼？因為是一家人。」

國家圖書館出版品預行編目資料

家人的第二張臉孔：擺脫「相愛又互相傷害」的7種心理練習 / 催光鉉作；簡郁璇翻譯. -- 初版. -- 新北市：大樹林, 2017.12

面；　公分. --（心裡話；5）

ISBN 978-986-6005-71-8（平裝）

1. 家庭輔導　2.家庭關係　3.家庭溝通

544.186　　106021694

心裡話05

家人的第二張臉孔：擺脫「相愛又互相傷害」的7種心理練習

作　　者 / 催光鉉
翻　　譯 / 簡郁璇
編　　輯 / 黃懿慧
校　　對 / 邱月亭
排　　版 / 弘道實業有限公司
封面設計 / 葉馥儀設計工作室
出 版 者 / 大樹林出版社
地　　址 / 新北市中和區中正路872號6樓之2
電　　話 / (02) 2222-7270　　傳　　真 / (02) 2222-1270
網　　站 / www.guidebook.com.tw
E – mail / notime.chung@msa.hinet.net
Facebook / www.facebook.com/bigtreebook
總 經 銷 / 知遠文化事業有限公司
地　　址 / 新北市深坑區北深路3段155巷25號5樓
電　　話 / (02)2664-8800　　傳　　真 / (02)2664-8801
初　　版 / 2017年12月
插畫版權 / https://tw.123rf.com
Original Title : 가족의 두 얼굴
"Two – faces of a Family" by Choi Kwanghyun

定價 / 290元　　ISBN / 978-986-6005-71-8